MANUAL DE DROGAS Y FACTORES DE RIESGO DROYFAR

MANUAL DE DROGAS Y FACTORES DE RIESGO DROYFAR

Fernando Bilbao Marcos

Para realizar pedidos de este libro, contacte con:
Palibrio LLC
1663 Liberty Drive
Suite 200
Bloomington, IN 47403
Gratis desde EE. UU. al 877.407.5847
Gratis desde México al 01.800.288.2243
Gratis desde España al 900.866.949
Desde otro país al +1.812.671.9757
Fax: 01.812.355.1576
ventas@palibrio.com
499896

Índice

Porque leer, investigar y escribir,
son legados de amor permanentes
para mis grandes amores:
Ana Isabel, Ana Edurne y Fernando.

Resumen

Esta obra trata sobre la situación mundial del consumo de drogas, tanto en Europa, Estados Unidos, México y, en particular, el estado de Morelos.

Define conceptos básicos de la clínica diagnóstica del consumo de drogas como adicción, tolerancia, síndrome de abstinencia, uso, abuso, dependencia, y sus diferencias esenciales, con los cuales se establece el diagnóstico neurofisiológico de dependencia física a los fármacos.

Incluye descripciones completas de las principales drogas legales e ilegales, así como de las drogas modernas como la dexomorfina o el krokodil, que están haciendo estragos en la juventud de algunos países, con el riesgo de que se extiendan al resto del mundo.

Considera varios conceptos y estrategias para realizar intervenciones universales, selectivas e indicadas, orientadas a la prevención de las adicciones.

Finalmente, presenta un nuevo instrumento en forma de cuestionario, el DROYFAR, para la detección del consumo de drogas y de diversos problemas y sintomatologías por los que pueden pasar los adolescentes. Se hace una descripción detallada del mismo, así como de la manera en la que se puede aplicar y calificar desde el punto de vista cuantitativo y cualitativo. Y quienes estén más interesados en el estudio de este instrumento, pueden encontrar en los anexos la forma en que se llegó a la validez y confiabilidad del cuestionario, los baremos y su correlación con otro gran instrumento de tamizaje elaborado por el National Institute on Drug Abuse (NIDA) y validado en México por investigadoras del Instituto Nacional de Psiquiatría (INP): el Problem Oriented Screening Instrument for Teenagers (POSIT), el cual se recomienda aplicar conjuntamente con el DROYFAR.

INTRODUCCIÓN

El consumo de drogas se ha constituido en uno de los problemas de salud más importantes, en la mayoría de los países del mundo occidental. Como siempre, en este tema, la población que puede verse más afectada son los jóvenes. Es fundamental, entonces, generar estrategias diagnósticas y de evaluación que nos auxilien para realizar intervenciones preventivas, de una manera oportuna y certera.

Este libro pretende colaborar al respecto de forma sencilla y clara, a través de un instrumento de tamizaje, el DROYFAR, que al aplicarlo de manera complementaria con otro instrumento más conocido y ya aplicado en Estados Unidos y validado en México, el Problem Oriented Screening Instrument for Teenagers (POSIT), ambos pueden ser una excelente mancuerna para utilizarlos en todas las instituciones en donde los jóvenes estén realizando sus estudios, sobre todo, en secundaria, preparatoria y entrando al nivel universitario.

En mis casi treinta años de trabajar para la Universidad Autónoma del Estado de Morelos (UAEM), en México, una de las áreas que desarrollé en la Facultad de Psicología fue precisamente el tema de la drogodependencia. Fundé la Especialidad en Problemas de Farmacodependencia y un diplomado con la misma temática, especialmente diseñado para "padrinos", que al no tener estudios formales, solicitaban ser capacitados para trabajar mejor en instituciones que atendían a personas con problemas de consumo de drogas.

Al mismo tiempo, desarrollé dos líneas de investigación: 1) Factores psicosociales que influyen en las recaídas de los adictos a diversas drogas y 2) Identificación de consumo de drogas y problemas en los adolescentes. De esta segunda línea es que surge el DROYFAR. Me propuse elaborar un instrumento que permitiera a la universidad evaluar la situación por la que pasaban los estudiantes del bachillerato y los que ingresaban al nivel superior, y establecer un plan de apoyo para ellos en la Unidad de Investigaciones y Servicios Psicológicos de la UAEM.

Un grupo de colegas como el Dr. Valentín de Mata Arce y el psicólogo Antonio Gallegos Vázquez, nos dimos a la tarea de aplicar el DROYFAR en la universidad y posteriormente entregar los resultados a cada director de las Unidades Académicas de la UAEM, para que tuvieran elementos de orientación para sus alumnos. Posteriormente otras instituciones educativas del estado nos solicitaron la aplicación del cuestionario. Asimismo, algunos ayuntamientos nos pidieron que los ayudáramos a evaluar la situación del consumo de drogas y otros problemas entre los adolescentes de su localidad. En esta ocasión no solo aplicamos el DROYFAR, sino que hubo apoyo para los jóvenes y sus familias, de los municipios evaluados, con la participación de la Dra. Lucía Ramírez Serrano. Ante tanta demanda, consideré necesario evaluar la validez y confiabilidad del DROYFAR.

Con el apoyo invaluable del Dr. Fernando Arias Galicia, conjuntamente con el Dr. Valentín de Mata, la Dra. Martha González Zermeño, y el psicólogo Antonio Gallegos, trabajamos en el análisis estadístico y los resultados del mismo, con el fin de obtener la validez y la confiabilidad de este sencillo cuestionario de 65 preguntas. Mi agradecimiento especial a todos ellos, por su generosa actitud y disposición para sacar adelante este proyecto. Fueron más de 15 años de trabajo para pulir, afinar y mejorar el instrumento, por lo que me pareció indispensable darlo a conocer a través de esta publicación, con el fin de que lo puedan utilizar más investigadores y profesionales de la salud y la educación, en beneficio de los jóvenes.

Agradezco a la Lic. Diana Urquiza Negrete, por el diseño de la portada de este libro y al Lic. Jorge Cámara Ascencio, por el diseño de la portada y el logotipo del cuadernillo de instrucciones y preguntas del DROYFAR. Así mismo, reitero mi aprecio y reconocimiento para Antonio Gallegos por la elaboración de las tablas de los baremos, de este manual.

Gracias a la Universidad Autónoma del Estado de Morelos, a mis colegas y amigos universitarios, por su apoyo, y a todos los estudiantes de licenciatura, especialidad y maestría de la UAEM, que con sus comentarios y discusiones en la revisión y defensa de sus respectivas tesis, me hicieron aprender más sobre el tema de drogas.

Un reconocimiento muy especial para quien hizo la ardua labor, ¡una vez más!, de corrección de estilo y redacción de este documento, mi amada esposa, Ana Isabel Yarto Wong. Gracias por tu paciencia, tu gran experiencia y compromiso.

Sin lugar a dudas, agradezco a mis hijos Ana Edurne y Fernando, por el impulso que siempre me dan para tratar de ser mejor y porque son el motor y sentido de mi vida.

Fernando Bilbao Marcos

CAPÍTULO 1

SITUACIÓN MUNDIAL DEL CONSUMO DE DROGAS

1.1 Informe global de adicciones en el mundo

Según el Informe Mundial sobre las Drogas de la Organización de las Naciones Unidas (ONU) que se presentó en Viena a mediados de 2013, la cantidad de consumidores de drogas en el mundo se incrementó un 9% en el 2011, en comparación con el 2010. De esta manera, se estima que el 6.9% de los adultos del mundo, de entre 15 y 64 años, cifra que alcanza alrededor de 315 millones de personas, consumen drogas.

Entre las diversas drogas consideradas ilegales, tenemos que la más requerida sigue siendo la mariguana con sus distintas formas de consumirla, estimando que hay alrededor de 230 millones de usuarios de esa sustancia. En la actualidad existen, aproximadamente, 56 millones de consumidores de derivados del opio, como la heroína; 20 millones consumen cocaína; y 53 millones ingieren anfetaminas. En el comparativo con el estudio presentado en el 2008, hay un incremento del 18%. Pero hay que reconocer que no todos los que usan drogas presentan caracterísiticas totalmente disfuncionales, así que tenemos que de los 315 millones de consumidores, alrededor de 39 millones sí presentan trastornos graves por su manera de consumir y de vivir.

El Informe Mundial de la ONU destaca que en el 2011 fallecieron 247,000 personas a causa de las drogas y que en términos generales, se ha estabilizado el consumo de cannabis, cocaína y heroína, mientras que se ha incrementado el consumo de drogas sintéticas. Un dato preocupante mencionado en el Informe, es que se han presentado una gran cantidad de nuevas "drogas legales" que imitan el efecto de otras drogas ilegales y que se venden como "sales de baño" que en realidad producen efectos que imitan a la cocaína, y otras como inciensos, que refieren a la mariguana sintética.

Afirma que han detectado 166 nuevas sustancias de esta naturaleza, aunque en la última actualización realizada en el 2012, se han identificado 251 drogas nuevas. El riesgo es que pueden ser sustancias más tóxicas en la medida en que se desconocen las formas, materiales y contenidos para su elaboración (United Nations Office on Drugs and Crime, UNODC, 2013).

1.2 Unión Europea

Según el Observatorio Europeo de las Drogas y las Toxicomanías (OEDT), que publicó su informe en mayo de 2013, nunca se había consumido tanta droga considerada ilegal como en el año 2012. Se calcula que alrededor de 85 millones de europeos consumieron drogas ilícitas. Aproximadamente 77 millones aseguran haber usado mariguana alguna vez en su vida y más de tres millones lo hacen diariamente. El hecho es que ya, prácticamente todos los países europeos la producen. La hierba verde sigue siendo la droga más consumida en Europa, como en todo el mundo. Le sigue la cocaína, aunque ha disminuido su consumo en los últimos años en el viejo continente, ya que de un porcentaje del 10.2% de la población usuaria del polvo blanco en el 2009, pasó a 8.8% en el 2012. Pero lo cierto es que, aún con tal disminución, se calcula que 14.5 millones de europeos la han consumido al menos una vez en su vida, y dos millones y medio de jóvenes lo han hecho el último año. El Reino Unido es el principal consumidor de cocaína, siguiéndole España.

Además de estos elevados índices de consumo de droga ilegal, en la Unión Europea están preocupados por la emergencia de nuevas drogas sintéticas que se han reproducido de manera amenazante para la juventud, por los efectos y daños que causan, sin saber además, qué ingredientes químicos las componen, por las mezclas especiales con las que se elaboran. Como ya mencioné, las pastillas pueden imitar efectos como los de la mariguana, con más potencia, y son consumidas en todos los países europeos, por jóvenes de entre 15 y 30 años.

El Observatorio Europeo, a través de su Informe, menciona algunos de los nombres con los cuales se conoce a estas pastillas o sustancias sintéticas de origen químico disfrazado y desconocido en su esencia.

Así se habla de "extreme summer", "ice"[1], "seex", "magna XXI" o "fly cherry". ¿Pero, por qué son tan peligrosas? Porque los efectos sufridos por el uso de estas enigmáticas sustancias son tales, que hacen perder el control del consumidor, provocando incluso fuertes impulsos suicidas, agresiones hacia ellos mismos o a quienes tienen a su lado, y provocan alucinaciones e intensa frecuencia cardíaca. Es tal el efecto y el impacto de estas sustancias sintéticas que en el 2012 murieron 21 personas de Alemania, Inglaterra, Hungría y Suecia, por el consumo de 5-IT o también llamada 5-2 aminopropilindol, droga sintética supuestamente derivada de la anfetamina.

Pero existe otra droga mucho más dañina que las mencionadas, que se está usando en Rusia (más de dos millones de usuarios han solicitado tratamiento para curar el grave y permanente daño que les causa), aunque recientemente se publicaron casos en Estado Unidos. Esta droga es la desomorfina, un derivado de la morfina, inventada en el año de 1932, en los Estados Unidos. Aunque epidemiológicamente no tiene un uso significativo en la actualidad y dudo que lo tenga, por sus efectos y daños devastadores, sí es importante identificarla oportunamente para evitar que alguien sea engañado y atrapado por esta droga. Los efectos sedantes y analgésicos de la desmorfina limpia, sin mezclas, son de gran potencia, nada menos 10 veces más que la morfina. El problema grave se presenta porque en laboratorios caseros, clandestinos –al parecer el principal centro de distribución en Europa es Kosovo– se está elaborando con mezclas que llevan codeína, gasolina, o también directamente petróleo, thinner, ácido hidroclórico, pintura, hasta líquido de encendedor y fósforo rojo. Como es posible imaginar, esta mezcla es una verdadera bomba destructiva para el cuerpo y cerebro humanos.

Hasta ahora se han señalado algunos de los más evidentes estropicios que causa el uso repetido de esta droga: provoca que los vasos sanguíneos exploten, dejando en la piel un tono verduzco y haciendo que esta se endurezca y quede como escamosa, de ahí deriva en gangrena y se necrosa el tejido muscular, dejando al descubierto los huesos, desfigurando la piel y con la inminente posibilidad de muerte, en uno o tres años. La apariencia que presenta el sujeto adicto a la desomorfina mezclada, es la de la piel

---

[1] Es la más conocida. De hecho, llegué a atender a un joven consumidor de la misma, con consecuencias nefastas para su vida. Después de un consumo de esta sustancia pidió que lo internaran, al verse envuelto en un accidente automovilístico, del que salió con vida por casualidad.

de un cocodrilo, por eso la han llamado popularmente krokodil o droga caníbal, porque "se come la piel" del consumidor.

Por otra parte y complementando la información del Observatorio Europeo, en el Informe Mundial sobre las Drogas 2013, de la Oficina de las Naciones Unidas contra la Droga y el Delito (UNODC, 2013), se menciona a las Nuevas Sustancias Psicoactivas (NSP). El Informe señala que en la Unión Europea se pasó de 14 NSP registradas en 2005, a 236 en 2012. Alrededor del 5% de la población, entre los 15 a 24 años, las han usado. En 2011, la mayor parte de los consumidores de NSP se ubicaban en el Reino Unido, Polonia, Francia, Alemania y España. En el primero de estos países es donde más se han descubierto las NSP, el 30% de las 236. Aunque sigue siendo Estados Unidos el lugar donde más se han descubierto estas sustancias, con 158, más del doble que en la Unión Europea, que según el Informe, han sido descubiertas un total de 73 NSP.

Estos datos indican que los países que mantienen la más férrea política prohibicionista contra las drogas, son los que están presentando mayores problemas, no solo por el alto índice de consumo de todas las drogas, sino por la tendencia a producir nuevas, con mayor capacidad de disfrazarlas para que no se identifiquen las sustancias prohibidas, por los tratados internacionales contra las drogas. Por ello, quiero traer a colación el análisis de datos que hace ya varios años presentó el español Antonio Escohotado en algunas de sus obras. Aquí solo me referiré a *La cuestión del cáñamo* (1997), un estudio comparativo entre los países que tienen mayor tolerancia hacia las drogas y los que mantienen una política fuertemente prohibicionista, pero pienso que en el fondo, fallida.

Holanda reportó en 1992, alrededor de 22,000 adictos, alcohólicos, ludópatas y usuarios compulsivos de otras drogas, extremadamente problemáticos, mientras que España informó de 220,000, es decir, 10 veces más que Holanda, del mismo tipo de consumidores y adictos. También llama la atención que Holanda es el país europeo con menos adictos (13 por cada mil habitantes), frente a la media europea de 26 por cada mil. Así mismo, es el lugar de menos muertes por sobredosis: en 1991 se registraron 42, por consumo de heroína adulterada, mientras que en España se había informado de 900 defunciones. Siguiendo con Holanda y con el consumo de la droga ilegal más utilizada en el mundo, que es la mariguana, este país mantiene la venta legal de hachís importado y mariguana cultivada ahí mismo, sin que se haya registrado un aumento del número de usuarios desde hace más de 15 años, entre la población aparentemente más vulnerable, como lo es la de edades comprendidas entre los 13 y 25 años. Otro dato interesante es el hecho de que el 75% de la población adulta de ese país no ha probado esta droga, aun cuando existen solo en Ámsterdam, más de trescientas cafeterías que la venden, más el servicio blow-home que la lleva a domicilio en varias ciudades (Escohotado, 1997).

Interesantes datos para reflexionar y valorar si no se están equivocando los países de mayor consumo de drogas, con sus políticas prohibicionistas. Tal vez ahora se empiecen a incautar más drogas ilegales y con ello se esté logrando disminuir, hasta cierto punto y de manera inestable, algunas de las drogas ilícitas, por su menor disponibilidad y de la mano con ello, por su encarecimiento. Pero por otra parte, las mafias no están dispuestas a perder el gran negocio que les ha representado el mundo de las drogas ilegales y ya están anunciando cuál será su otro frente de batalla, al descubrir nuevas maneras de envenenar a los jóvenes y tal vez con mayores riesgos, que anteriormente. Al desconocer qué sustancias están utilizando para sus nuevas drogas, ya no se sabe si son o no sustancias legales, e incluso ya no se sabe, en principio, si son drogas (o solo son "sales de baño", "euforizantes legales" o "compuestos vegetales"), hasta que se sufren las consecuencias. También se están presentando casos de graves trastornos para los jóvenes en periodos de tiempo incluso, más cortos, que los que se generaban con el uso de la heroína o el crack.

Dejando hasta aquí las reflexiones, seguiré con otros datos proporcionados en el último informe de la European School Survey Project on Alcohol and Other Drugs (ESPAD), publicado en junio de 2012. En los 36 países que contempla la encuesta, se registra una estabilización en el consumo de drogas ilegales entre los jóvenes de 15 a 16 años. La mariguana la han consumido el 13% de los adolescentes en el último año y el 7% en el último mes. En cuanto a las drogas legales (el alcohol), se identifica una reducción en el consumo excesivo episódico o consumo alto, es decir, más de cinco copas por vez. Casi el 80% de los estudiantes que participaron en la encuesta, consumieron alcohol en el último año y casi 60% en el último mes. Existe cierto incremento en las tasas de prevalencia en mariguana, inhalantes y tabaco.

1.3 Estados Unidos de América

1.3.1 Los jóvenes y las drogas

El Monitoring the Future (MTF) que se realiza cada año en los Estados Unidos por el National Institute on Drug Abuse (NIDA), con la conducción del Institute for Social Research de la Universidad de Michigan, en la última actualización de su Informe, en abril de 2013, señala que si bien es cierto que el consumo de mariguana entre los jóvenes estadounidenses había disminuido a finales de los 90 hasta mediados del año 2000, a partir de entonces el aumento de "la verde", no se ha detenido. De tal manera que en el 2012, el 6.5% de los alumnos de 8° grado, el 17% de los del 10° y el 22.9% de los estudiantes del 12° usaron cannabis en el último mes. Esto se traduce en un aumento del 14.2% en los alumnos del 10° y un 18.8% en los del 12°, en relación con los resultados de la encuesta del 2007. En ese año, el 5.1% de los alumnos del 12° fumaban diariamente, y en el 2012, lo hace el 6.5% de ese mismo nivel de estudios.

Documenta que el hecho de que haya una disminución en la percepción de riesgo del consumo de mariguana entre los jóvenes, se relaciona con el incremento del consumo de la misma. Este cambio a la baja en la percepción de riesgo, se lo atribuyen a los recientes debates y polémicas que ha suscitado la fuerte presión social y política para que se legalice la mariguana. Pero el MTF, presenta otro dato muy importante: la presencia de la mariguana sintética, también conocida como spice o K2. Se trata de una mezcla o revoltura de diversas hierbas con canabinoides sintéticos. Estos son una serie de químicos que actúan en el cerebro como el Tertrahidrocanabinol (THC), principio activo de la mariguana.

El tema es que esas hierbas y su combinación son legales y, por lo tanto, se pueden comprar sin ninguna restricción para elaborar la mariguana sintética, sin ser considerada como ilegal. Hay que recordar que la Ley Federal en los Estados Unidos prohibe el cultivo, tráfico, venta y consumo de esta droga. Si bien es cierto que en algunos Condados o Estados hay cierta legalización para la venta y consumo para fines médicos y en otros, para consumo recreativo, aún hay contoversia por la contradicción de ambos niveles legales de la Unión Americana.

Ante la ineludible realidad de la venta de la mariguana sintética, los investigadores de la Universidad de Michigan incluyeron en el 2011, en el MTF, preguntas sobre el cosumo de esta droga. Como era de esperarse, el 11.4% de los estudiantes del 12° respondieron que la habían consumido en el último año. Según el MTF, uno de cada nueve estudiantes de ese grado la consumieron. De la misma manera, en el año 2012, el 4.4% de los alumnos del 8° grado, el 8.8% del 10° y el 11.3% del 12° la consumieron en el último año, colocándose en la droga más usada después de la mariguana natural (36%). Le siguieron los medicamentos de tipo estimulante, como el Adderall con un 7.6%. Este es de uso médico, pero lo consumen sin prescripción profesional.

La cuarta droga más consumida es la Vicodina, un analgésico, que usan el 7.5% de los alumnos del 12°. Le siguen el uso de otros medicamentos como jarabes para la tos y tranquilizantes, con un 5.6% y un 5.3%, respectivamente; alucinógenos, el 4.8%; sedantes, el 4.5%; éxtasis, el 3.8%; inhalantes, el 2.9%; cocaína, el 2.7%; y el ritalín, el 2.6%. La buena noticia para los americanos es que cada vez menos jóvenes se drogan con inhalantes, cocaína y éxtasis.

En la misma línea descendente se encuentra el consumo de alcohol. Ha bajado una cuarta parte el consumo del mismo, comparándolo con los años noventa, entre los jóvenes del 12° grado, ya que en el 2012, solo el 23.7% bebieron más de 5 copas en las dos últimas semanas. Por otra parte, ahora el 3.6% del 8°, el 14.5% del 10° y el 28.1% del 12°, informaron haberse embriagado en el último mes.

En cuanto al tabaco, los Estados Unidos también han visto disminuido su consumo entre los jóvenes estudiantes. Desde 1997 ha ido bajando el número de adolescentes que fuman tabaco. El 17.1% de los estudiantes de secundaria que fueron encuestados por el MTF, afirman ser fumadores vigentes. Esta es la cifra más baja desde que se inició con la encuesta, en el año de 1975. Pero los estadounidenses no "lanzan las campanas al vuelo", pues ahora la modalidad de consumo de tabaco entre los muchachos es el uso de pipas de agua o shishas. Por lo cual, ahora también se introduce la pregunta en el MTF, dando como resultado que en el 2012, el 18.3% de los estudiantes del 12° habían usado la pipa de agua en el último año. Igualmente el 19.9% habían usado cigarros de tabaco pequeños. Para obtener más información puede visitar la página web: www. monitoringthefuture.org. Este estudio de la Universidad de Michigan, es por demás importante y significativo, pues lo hacen con 395 colegios públicos y privados, alcanzando a encuestar, en el 2012, a 45,449 estudiantes.

1.3.2 Encuesta Nacional sobre el Uso de Drogas en EUA

Esta se realiza en el país americano cada año por la Substance Abuse and Mental Health Services Administration (SAMHSA). Se encuesta a la población a partir de 12 años en adelante. En el 2011 fueron alrededor de 67,500 personas encuestadas. Presentaré de manera breve, algunos de los resultados que considero importantes, por ser el país que consume más drogas en el mundo, aunque la parte más relevante ya la desarrollé, al exponer los resultados del MTF 2012, por tratarse principalmente de los jóvenes, población objetivo de este Manual de DROYFAR.

En los Estados Unidos de América, aproximadamente 22 millones 500 mil personas (8.7% de la población) se drogaron con sustancias ilícitas o, bien, con medicamentos, como tranquilizantes, analgésicos o estimulantes, sin que necesariamente haya sido la dosis prescrita por un médico. En el 2002, el porcentaje de consumidores de este tipo fue del 8.3%, por lo cual hubo un leve aumento, atribuible al incremento en el consumo de mariguana, consumida por 18 millones de los americanos del norte, casi 4 millones más que en el 2007, lo que equivale a alrededor de 8,400 nuevos usuarios diarios, de los cuales el 51% eran menores de 18 años. Lo que llama la atención es que, prácticamente, el resto de las drogas se han consumido sin grandes variaciones desde el 2007. Así vemos que después de la mariguana, más de 6 millones (2.4%) de estadounidenses consumen medicamentos de prescripción médica. Un millón 400 mil consumieron cocaína, un millón menos que en la encuesta del 2006. Casi un millón han consumido alucinógenos (LSD y éxtasis, incluidos) en el último año. En el 2006, 731 mil personas habían consumido anfetaminas y en el 2011, bajó a 439 mil.

Un dato muy interesante que arroja esta encuesta, es que el mayor consumo de sustancias se presenta en los jóvenes que están terminando su adolescencia y hasta los 22 años de edad.

Respecto al consumo de drogas lícitas como el alcohol y congruente con los resultados del MTF, en la encuesta se observa una disminución del consumo en menores de edad (20 años), del 28.8% en 2002 al 25.1% en 2011. Igualmente los jóvenes disminuyeron el consumo excesivo de una sola vez, bajando de 19.3% a 15.8%, y el cosumo fuerte, diario, de 6.2% a 4.4%.

La otra droga lícita, el tabaco, es cada vez menos fumada por los estadounidenses. El 22% de la población es fumadora, es decir, 56.8 millones de personas. En el 2002 fumó el 26%, es decir, bajó 4 puntos porcentuales. Los jóvenes de 12 a 17 años también bajaron su consumo, de 13% al 7.8% en el 2011.

En cuanto a la adicción al alcohol, en el 2002, 18 millones dependían de esta bebida. En el 2011, 16.7 millones se declararon alcohólicos. Después del alcohol, la mariguana es la primera droga ilícita que genera más adictos, hay 4 millones 165 mil dependientes de la verde. Le siguen los analgésicos, 1 millón 768 mil; la cocaína, 621 mil; la heroína, 426 mil; los tranquilizantes, 400 mil; los alucinógenos, incluidos el éxtasis y el LSD, 342 mil; los estimulantes, 329 mil; los inhalantes, 141 mil; y los sedantes, 68 mil. De los 21 millones 600 mil personas que requerían tratamiento, solo 2 millones 300 mil adictos o consumidores de drogas con problemas, acudieron a algún tratamiento.

Esta es la radiografía, en términos del consumo de droga, del país que presenta el más alto índice de consumidores del mundo. Tan cerca geográficamente de México y tan lejos en la manera que tienen sus habitantes de relacionarse con las drogas.

Nuevamente, haciendo referencia al último Informe de la ONU, cabe destacar que en los Estados Unidos y Canadá, se ha reducido de manera significativa y general el consumo de cocaína. Y afortunadamente, en particular los jóvenes, han mostrado una importante disminución del consumo del polvo blanco como lo demuestra el MTF.

1.4 República Mexicana

1.4.1 Drogas ilegales

La Encuesta Nacional de Adicciones (ENA, 2011) se realizó por la Secretaría de Salud (SSA) visitando más de 17,500 viviendas y entrevistando adolescentes de entre 12 y 17 años de edad y adultos de entre 18 y 65 años. Ellos respondieron un cuestionario que abarcaba datos sobre el consumo de drogas legales e ilegales, dependencia, abuso, exposición y tratamiento. Entre otras preguntas, figuraban tres centrales: ¿Ha usado drogas ilegales *alguna vez?*, ¿En el *último año?*, ¿En el *último mes?*

A continuación expondré el resumen de la ENA 2011, que metodológicamente se mantiene sin cambios importantes en relación con la ENA 2008, por lo cual se pueden comparar los resultados entre un periodo y otro. Y en cuanto a sus resultados, se puede afirmar que tampoco hubo cambios significativos.

Según la ENA 2011, en México en el último año, el 1.8% de la población, entre 12 y 65 años de edad, ha consumido alguna droga, sea esta ilegal, legal o médica, y se reporta que el 0.7% de esa población, presenta dependencia a alguna droga. La edad promedio de inicio del consumo de drogas en México es a los 18.8 años; los hombres, por lo general, inician más temprano, a los 18.5 años y las mujeres a los 20.1 años de edad. De las personas que presentan alguna dependencia, es decir, el 0.7% de la población, solo el 18.4%, han asistido a tratamiento, siendo los hombres quienes más lo solicitan, en un 19.8%, mientras que las mujeres solo acuden en un 8.9%.

En cuanto a la prevalencia del consumo de drogas ilegales, el 1.5% de la población total ha consumido, el 2.6% han sido hombres y el 0.4% mujeres. El 1.2% ha consumido mariguana, mientras que la cocaína, solo el 0.5%. Otras drogas tales como los hongos, inhalables y anfetaminas, solo el 0.2% de la población las ha consumido. Donde más se consumen drogas ilegales es en el noroccidente, 2.8% y donde menos es en la región sur del país, un 0.6.%.

En cuanto a la población objetivo principal del DROYFAR, la ENA 2011 nos revela que la prevalencia de consumo en el último año de cualquier droga, legal o ilegal, entre los jóvenes de edades entre los 12 y 17 años, es la siguiente: el 1.6% de la población adolescente ha consumido drogas legales o ilegales; el 1.5% ha consumido drogas ilegales, siendo los hombres los que más, 2.2%, mientras que las jovencitas, el 0.9%; de ellos, el 1.6% ha consumido mariguana, el 0.5% cocaína y el 0.4% inhalables.

En relación con las personas de mayor edad, los adultos jóvenes (18-43 años), tenemos que el 2.8% de ellos son los que tienen la mayor prevalencia del consumo de drogas, legales o ilegales en el país. De esta población, el 2.3% ha consumido drogas ilegales, siendo nuevamente los hombres el grupo mayoritario de consumo, con un 4.1% y las mujeres, el 0.6%. Como en todo el mundo, la mariguana es la que este grupo consume en mayor medida, con un 1.9%, siguiendo la cocaína con un 0.8%. Las demás drogas se mantienen por debajo del 0.2%. En los adultos mayores (35-65 años), la prevalencia por consumo de cualquier droga es del 1% y de las drogas ilegales del 0.8%. Como se puede observar, entre más edad menos consumo.

En el comparativo con la Encuesta Nacional de Adicciones (ENA[2]) 2008, no existen grandes diferencias en cada uno de los rubros aquí mencionados. Si acaso, vale la pena hacer referencia al incremento en dos puntos: 1) hay un cambio importante en el consumo de mariguana entre la población masculina, al pasar de un 1.7% de consumidores en la ENA 2008 a un 2.2% en la ENA 2011; y 2) probablemente relacionado con el anterior incremento, en cuanto a las regiones de la República Mexicana, observamos un aumento en el consumo de drogas ilegales en la parte occidental del país, al pasar de un consumo del 0.9% en la ENA 2008 a un 1.5% en la del 2011.

1.4.2 Drogas legales: alcohol

La ENA 2011 señala con claridad de qué manera el consumo de alcohol se ha incrementado en la sociedad mexicana. Hace mucho tiempo que existe una clara tolerancia y aceptación hacia las bebidas alcohólicas. Por supuesto, ello implica que la población en general no observe riesgo alguno en el consumo de esta sustancia, tan venerada a lo largo de la historia.

La prevalencia de consumo, de alguna vez en la vida, pasó de un 64.9% en el 2002 a 71.3% en el 2011. La prevalencia de consumo en los últimos 12 meses en el 2002 fue de 46.3%, mientras que en el 2011 llegó a 51.4%.

---

[2]   La Encuesta Nacional de Adicciones, surge en 1988 a través del Sector Salud y el Instituto Mexicano de Psiquiatría, con el objeto de contar con información basal, representativa de la población general de nuestro país. El objetivo de la Encuesta es: 1) Estimar la prevalencia de consumo de drogas médicas y drogas ilícitas en población urbana, entre 12 y 65 años de edad; 2) Identificar actitudes y valores relacionados con el uso de sustancias adictivas; 3) Identificar factores de riesgo socioeconómicos, culturales y demográficos asociados al consumo de sustancias adictivas; 4) Identificar problemas asociados con el consumo de sustancias adictivas. (CONADIC, 1992).

Y el punto de mayor importancia en este aumento en el consumo, es el que se refleja en la prevalencia del último mes, ya que lo reportado en el 2002 fue que la población (12-65 años) que bebió alcohol en ese periodo fue un 19.2%, en tanto que en el 2011 consumieron el 31.6%.

Según los resultados de la ENA 2011, el 80.6% de los hombres ha consumido alguna vez en la vida, y el 62.6% de las mujeres lo han hecho. El 40.8% de las mujeres consumió alcohol el último año, mientras que los hombres lo hicieron en un 62.7%. En el reporte del último mes, resalta el hecho de que el 19.7% de las mujeres, afirmaron haber bebido alcohol, dato significativo, ya que en el 2002 solo el 7.4% aceptó haberlo hecho en ese periodo. Los varones también siguieron en esa tendencia consumidora alcista al pasar de un 33.6% en el 2002, al 44.3% en el 2011.

En México, el consumo diario de alcohol es bajo, solo el 0.96% lo hace. El índice de consumidores consuetudinarios, se mantiene en un 5.4%, pero donde las cosas empiezan a marcar diferencia es en cuanto al incremento de alcohólicos o dependientes del alcohol. En el 2002, el reporte de alcohólicos era de un 4.1% de la población, ahora el resultado de la encuesta 2011, nos indica que se incrementó a un 6.2%. En las mujeres este incremento se triplicó al pasar de 0.6% en el 2002 al 1.8% en el 2011. En hombres pasó del 8.3% al 10.8% en ese periodo.

¿Cuál ha sido el comportamiento de los jóvenes con el alcohol? Aquellos a quienes va dirigido el DROYFAR, han incrementado significativamente su tendencia a beber alcohol, según nos dice la ENA 2011, en comparación con la del 2002. El consumo de alguna vez en la vida aumentó de 35.6% a 42.9%; en el último año de 25.7% a 30.0%, y en el último mes pasó de 7.1% a 14.5%. Esto último en las mujeres fue mucho más significativo, pues pasó de 2.7% a 11.60% y en los varones de 11.5% a 17.4%. En consecuencia, con estos importantes incrementos en el consumo, la dependencia en estas edades tan tempranas también se modificó hacia la alza, al pasar de 2.1% a 4.1%. En los hombres la dependencia creció al doble, de 3.6% a 6.2%, peor aún en las jóvenes, ya que aumentó tres veces más la cantidad de dependientes, al pasar de .6% al 2%.

Ante esta situación cobra relevancia el DROYFAR, que al ser aplicado de manera muy simple y con periodos de tiempo más cortos, en poblaciones objetivo menos numerosas, posibilita un apropiado diagnóstico, una mayor supervisión y seguimiento para realizar intervenciones oportunas en las escuelas de todos los niveles de estudio. Con la aplicación del DROYFAR es posible hacer efectivas las tareas preventivas, no solo las relacionadas con el consumo de alcohol y drogas ilícitas, sino también con diversas problemáticas por las que comúnmente pasan los jóvenes.

En cuanto al consumo entre los adultos (18-65 años de edad), las cosas con el alcohol no caminan mejor en México. Incluso la problemática es mayor que la de los adolescentes, con la salvedad de que en el recorrido hacia la edad adulta de los jóvenes, en unos cuantos años, las cosas pueden estar peor que ahora, si no se toman las medidas correspondientes.

La prevalencia en esta población en el 2011, fue de 77.1% en el consumo de alcohol alguna vez en la vida; en el último año es de 55.7% y en el último mes de 35%. El 88.1% de los varones han consumido una vez en la vida; en el útimo año casi el 70% y el 50% ha consumido en el último mes. El 67% de las mujeres ha tomado alcohol alguna vez en la vida; el 43.2% en los últimos 12 meses y en el último mes, el 21.2%. Si este dato lo comparamos con el 2002, tenemos que en esa encuesta solo el 8.5% había consumido alcohol en el último mes. La dependencia en estas edades también se incrementó, al pasar del 4.6% al 6.6%. Los varones que presentan dependencia son el 11.8% y las mujeres el 1.7%.

La bebida de preferencia es la cerveza en el 53.6% de los hombres y el 29.3% de las damas. El inicio de consumo de alcohol en el 2011, fue a los 17 años o menos, en un 55.2% de la población. Solo el 5.9% reconocieron haber iniciado su consumo después de los 26 años de edad. En cuanto a la diferencia de sexo en la edad de inicio de consumo, el 64.9% de los varones y el 43.3% de las mujeres empezaron a beber alcohol a los 17 años o menos. En el consumo regional, en los rubros de alguna vez y el último año, el centro del país supera la media nacional con un 76.9% y 57% respectivamente. La región sur es la más baja en prevalencia, con un 59% y 37.3%. En cuanto a la dependencia al alcohol por regiones, tenemos que a nivel nacional esta se presentó en el 6.2% de la población. El 15% se ubica en la región centro sur.

1.4.2.1 El consumo consuetudinario y alto

En México, el patrón de consumo resalta en la medida en que los mexicanos no acostumbramos a beber diariamente alcohol (solo 0.8% de la población) y sí en cambio, cada fin de semana (consuetudinario es el 5.4%) y, por lo regular, más de 4 o 5 copas por ocasión (el consumo alto es del 53.6%). Este patrón de consumo probablemente es el que genera la mayor problemática relacionada con accidentes automovilísticos, pleitos, violencia intrafamiliar, suicidios, etc.

1.4.3 Drogas legales: tabaco

En nuestro país, según la ENA 2011, hay 17.3 millones de fumadores activos. Esto representa al 21.7% de la población. Los hombres son los que más fuman, alrededor de 12 millones (31.4%), mientras que las mujeres fumadoras alcanzan la cifra de cinco millones (12.6%). Siete millones fuman diariamente (8.9%). Un dato importante es que registran a los ex fumadores cotidianos, cuya población es de 21 millones (26.4%), a los ex fumadores ocasionales, alrededor de 16 millones (20.1%), y a quienes afirman no haber fumado nunca, alrededor de 41 millones (51.9%).

Esto es interesante, en la medida en que si se compara con la prevalencia de consumo activo de hombres en el 2002, se observa una disminución significativa al pasar de 36.2% de aquella encuesta, a 31.4% en 2011. Igualmente cuando se compara a los fumadores diarios de la ENA 2002, observamos una importante disminución en el 2011, al pasar del 12.4% al 8.9%. Es indudable que las acciones de restricción y prevención han tenido relativo éxito en el tema del tabaco. Sin embargo, como veremos más adelante, en el tema de adicciones no hay erradicación total, ni para siempre. Por ello es importante la aplicación sostenida de las medidas preventivas con diagnósticos precisos.

El DROYFAR es un instrumento que puede ayudar para hacer las detecciones oportunas y evitar que se vuelvan temas epidemiológicamente incontrolables. Ya en esta ENA 2011, se utilizó el POSIT, lo cual indica que nuestra propuesta con el DROYFAR es la correcta, en tanto que es más completa, ya que incluye a aquel, y requiere casi el mismo esfuerzo que aplicar solo el POSIT. Más aún si consideramos que la edad promedio de inicio de los fumadores que nos reporta la ENA, oscila entre los 20 y 21 años, o los 14 años entre los adolescentes detectados como fumadores diarios, justo la población a la que va dirigido el DROYFAR.

Hay que decir que el promedio de cigarros que los mexicanos se fuman al día es de 6.5; alrededor del 70% le dan el golpe; y el 11.4% después de levantarse, tardan 30 minutos para prender el primer cigarro del día, lo cual representa un alto grado de adicción. El 58.4% ha intentado dejar de fumar, casi todos de manera repentina y el 34.3% por conciencia del daño que les puede causar. Los que fuman diariamente, se gastan alrededor de 400 pesos al mes en la compra de cigarrillos y los que fuman ocasionalmente, se gastan un promedio de 80 pesos mensuales.

1.4.3.1 Los adolescentes y el tabaco

En México hay un millón setecientos mil fumadores adolescentes. Estos son aquellos que se encuentran entre las edades de 12 a 17 años. Un millón cien mil, son varones y quinientos treinta y nueve mil son jovencitas. La mayoría son fumadores ocasionales, y solo doscientos sesenta y tres mil, fuman día a día. Casi el 80% (10.5 millones) de los jóvenes en estas edades, nunca han fumado. Pero lo cierto es que los adolescentes que actualmente fuman a diario, empezaron su consumo a la edad de 14 años, en promedio, fumando alrededor de 4 cigarros al día. De ellos, casi el

50% "le dan el golpe". Cerca de 65 mil jóvenes inician su día consumiendo un cigarro, después de 30 minutos de haberse despertado. El 9.9% de los entrevistados dejaron de fumar, principalmente por la percepción de daño a la salud, por parte de ellos y de sus familiares. Está claro que cuando se informa sobre los daños en y por la familia integrada, los jóvenes, o no consumen, o lo dejan de hacer.

Ahora bien, si un adolescente se gasta aproximadamente $311.50 al mes para comprar cigarros, nos preguntamos ¿quién le da ese dinero? Es obvio que, por lo general, la familia. Otro dato interesante que nos proporciona la ENA 2011 es dónde compran los menores de edad los cigarros: ¡En las tiendas de abarrotes! Así lo afirman el 85.3% de ellos. Es evidente que la capacidad para regular y controlar, de parte del Estado Mexicano, es fallida. Y eso debe ser un punto de partida para valorar cualquier tipo de legalización de otras drogas, al parecer, con más capacidad de causar daño a la salud.

1.4.3.2 Los adultos y el tabaco

En México, el 23.6% de los adultos (18-65 años) fuman, es decir, hay 15.6 millones de fumadores (11 millones son hombres y 4.6 millones mujeres). De estos, casi 7 millones lo hacen día a día (10.35%). Pero en este país hay más fumadores ocasionales, al representar el 13.3%, alrededor de 8 millones, de la población fumadora. Hay que destacar el hecho de que casi 20 millones de este sector de la población, han dejado de fumar tabaco y que cerca del 50%, alrededor de 30 millones de adultos, nunca han fumado. Otro dato interesante es que a más edad, más cigarros fumados al día. Así tenemos que en los jóvenes adultos (18-24 años), el promedio es de 5.3 cigarros al día; los que están entre los 25 y 44 años, fuman 6.1 cigarros diariamente y los del grupo de 45-65 años, fuman un promedio de casi 8 cigarros diarios.

La ENA considera que hay adicción a la nicotina cuando los fumadores "le dan el golpe al cigarro" y revela que lo hacen el 74.8% de los fumadores activos en el rango de edad aquí desarrollado. El 58% de estos fumadores han intentado dejar de fumar y los que lo han logrado, es por tener conciencia del daño a la salud que les causa el tabaco. Y las mujeres lo han dejado, principalmente, por el embarazo.

1.5 Estado de Morelos

EL DROYFAR es un instrumento que se ha aplicado principalmente en el estado de Morelos, México. Por eso quisiera hacer una breve referencia a la situación actual que vive esta entidad, en relación al consumo de drogas y el alcohol.

La Fundación de Investigaciones Sociales, A.C. (FISAC), reporta que en Morelos el 70% de la población tiene problemas con el consumo de alcohol (alcoholinformate.2008,org.mx).

A continuación presentaré la información de la ENA 2008, sobre el estado de Morelos. El porcentaje de consumo diario de alcohol en varones fue de 1.5%, que es el mismo que el de la media nacional. Por otra parte, la población femenina reporta un 0.5% de consumidoras, lo cual sí es significativamente mayor que el resto del país. En cuanto al consumo alto de alcohol, en los hombres se reporta un 49.1% de consumidores en ese nivel y en las mujeres el 24%. En este caso, están muy por encima de la media nacional. En el periodo que comprende la encuesta 2008, Morelos es el primer lugar del país en el rubro de consumo alto de alcohol.

Con relación al consumo consuetudinario, el 10% del sexo masculino presenta este patrón de ingesta, mayor que la media nacional también; mientras que el 1.8% de las mujeres consumen de esta manera, manteniéndose igual que el promedio de las mujeres de los estados del país. En cuanto a la categoría de abuso/dependencia del alcohol, la ENA 2008 señala que el 14.9% de los hombres y el 2.8% de las mujeres presenta esta problemática con el alcohol, lo cual está por encima de la media de México.

Por su parte, el Centro de Integración Juvenil de Cuernavaca, Morelos, (Gutiérrez, L. A., 2013) reporta que en el segundo semestre del año 2012, recibió un total de 71 pacientes de primera vez, por consumo de drogas y alcohol (63 hombres y solo 8 mujeres). En su mayoría, pacientes solteros con estudios de primaria y de bachillerato, 13 desempleados, solo 31 de ellos trabajaban y 20 estudiaban, 6 trabajaban y estudiaban, y uno era jubilado. Iniciaron fumando cigarros de tabaco, mayoritariamente, antes de los 14 años; y bebiendo alcohol entre los 15 y 19 años de edad, al igual que las drogas ilícitas, aunque un buen número (18) empezó a consumir a los 14 años o antes. Una de las drogas de inicio más utilizada, fue la mariguana, con 52 usuarios, siguiéndole la cocaína con 11. En el último mes, más del 50% consumían alcohol, tabaco y mariguana.

Aunque los datos reportados por el CIJ Cuernavaca no son significativos (en el año no pasaron de 100 los usuarios en tratamiento), lo cierto es que Morelos, proporcionalmente, sí tiene importantes problemas con el consumo de alcohol y tabaco, como se refleja en la ENA 2008. Es probable que la incidencia del consumo de drogas ilícitas no sea grave, como no lo es en casi todo el país, pero es evidente la problemática en las drogas lícitas. Por lo tanto, debido a las consecuencias nefastas desde los ángulos psicológicos, sociales y orgánicos, del uso y abuso de drogas, sean lícitas o ilícitas, resulta trascendente diagnosticar los patrones de consumo respectivo, con miras a establecer medidas preventivas y curativas. Insisto, que para hacer intervenciones precisas, se requieren diagnósticos oportunos y completos, como los que se pueden realizar a través del DROYFAR, aplicado complementariamente con el POSIT.

CAPÍTULO 2

CONCEPTOS GENERALES
DE LA CLÍNICA EN ADICCIONES

2.1 Droga

Se denomina droga a la sustancia que altera algunas funciones mentales y a veces físicas, que al ser consumida repetidamente tiene la posibilidad de dar origen a una adicción. Más ampliamente, se puede definir como aquella sustancia o mezcla de varias, que al ingresar al organismo cambia o altera sus funciones e incluso afectando sus tejidos. Estos cambios alcanzan también a los procesos del pensamiento, la emoción, la sensación y la conducta. Los efectos de las drogas dependen del sujeto (edad, personalidad, características físicas, peso, altura, etc), la sustancia, la cantidad y calidad de la misma y el contexto en el que se consume.

2.2 Adicción. Tolerancia y síndrome de abstinencia

Adicción es el conjunto de fenómenos del comportamiento, cognoscitivos y fisiológicos, que se desarrollan luego del consumo repetido de una sustancia psicoactiva. A esta definición pueden agregársele los factores que señala el DSM-IV (APA, 1995) para considerar dependiente, sinónimo de adicta, a una persona:

- *Tolerancia.* Es el proceso neuroadaptativo mediante el cual el organismo tolera más cantidad de la sustancia en la sangre, sin que se sientan efectos de la misma y, por lo tanto, se tiene la necesidad de introducir más cantidad de la droga para sentir los mismos efectos que inicialmente se tenían.

- *Síndrome de abstinencia.* Ante la ausencia de la droga y después de que el organismo y el psiquismo del sujeto se "acostumbraron" o se adaptaron a la presencia de la droga, inhibiendo o activando el funcionamiento natural de los neurotransmisores y/o de las inercias o condicionamientos conductuales, sobreviene una serie de signos y síntomas psicológicos y físicos, que la mayoría de las veces solo pueden ser controlados cuando se reanuda el consumo en dosis iguales o mayores a las acostumbradas.

Sin embargo, como bien señala el DSM-IV: "Ni la tolerancia ni la abstinencia son condiciones necesarias ni suficientes para diagnosticar una dependencia de sustancias" (p. 184). Por tanto, se requiere que alguno de los siguientes criterios complementen a la tolerancia y la abstinencia:

Cuando "la sustancia es tomada con frecuencia en cantidades mayores o durante un período más largo de lo que inicialmente se pretendía"; cuando "existe un deseo persistente o esfuerzos infructuosos de controlar o interrumpir el consumo de la sustancia"; cuando "se emplea mucho tiempo en actividades relacionadas con la obtención de la sustancia"; y también cuando se presenta "la reducción de importantes actividades sociales, laborales o recreativas debido al consumo de la sustancia". Otro signo importante de dependencia es "continúa(r) tomando la sustancia a pesar de tener conciencia de problemas psicológicos o físicos recidivantes o persistentes, que parecen causados o exacerbados por el consumo de la sustancia (p. ej., consumo de la cocaína a pesar de saber que provoca depresión, o continuada ingesta de alcohol a pesar de que empeora una úlcera)." (APA, 1995, p. 187).

Todos los elementos anteriores sirven para catalogar a una persona como dependiente de las drogas, sean estas legales o ilegales.

2.3 Uso

El concepto de uso, se refiere solo al consumo de una droga, cualquiera que esta sea, sin que haya necesidad de consumirla hasta llegar a los criterios del abuso o dependencia. Se trata del "consumo moderado que no provoca embriaguez, ni pérdida de control de las funciones motoras, disminución de reflejos o dificultades para hablar... no afecta de manera importante las actividades escolares, familiares, laborales... los espisodios de consumo se relacionan con eventos y situaciones específicas... en raras ocasiones se hace fuera de estos y no afecta a terceras personas." (Solís & Cortés, 2003, pp. 88 y 89).

2.4 Abuso

Conviene utilizar también el término abuso, de más amplio alcance cotidiano por su frecuencia y sus consecuencias, con base en la referencia del DSM-IV, por considerar que se trata de una definición muy completa que permite hacer el diagnóstico diferencial del término de adicto o dependiente.

"La característica esencial del abuso de sustancias consiste en un patrón desadaptativo de consumo de sustancias manifestado por consecuencias adversas significativas y recurrentes relacionadas con el consumo repetido de sustancias. Puede darse el incumplimiento de obligaciones importantes, consumo repetido en situaciones en que hacerlo es físicamente peligroso, problemas legales múltiples y problemas sociales e interpersonales recurrentes. Estos problemas pueden tener lugar repetidamente durante un período continuado de 12 meses. A diferencia de los criterios para la dependencia de sustancias, los criterios para el abuso de sustancias no incluyen la tolerancia, la abstinencia ni el patrón de uso compulsivo, y, en su lugar, se citan únicamente las consecuencias dañinas del consumo repetido." (APA, 1995, p. 188).

2.5 Dependencia

La dependencia a diversas sustancias se define como: "... grupo de síntomas cognoscitivos, comportamentales y fisiológicos que indican que el individuo continúa consumiendo la sustancia, a pesar de la aparición de problemas significativos relacionados con ella... repetida autoadministración que a menudo lleva a la tolerancia, la abstinencia y a una ingestión compulsiva de la sustancia... "necesidad irresistible" de consumo (craving)... grupo de tres o más de los síntomas enumerados a continuación, que aparecen en cualquier momento dentro de un mismo período de 12 meses.

La tolerancia (Criterio 1) y la abstinencia (Criterio 2), que ya fueron definidas anteriormente. Puede ocurrir que el sujeto tome la sustancia en cantidades mayores o durante un periodo de tiempo más prolongado de lo que originalmente pretendió (Criterio 3). El sujeto puede expresar el deseo persistente de regular o abandonar el consumo de la sustancia. En algunos casos habrá un historial previo de numerosos intentos infructuosos de regular o abandonar el consumo de la sustancia (Criterio 4). Es posible que el sujeto dedique mucho tiempo a obtener la sustancia, a tomarla y a recuperarse de sus efectos (Criterio 5). En algunos casos de dependencia de sustancias, todas las actividades de la persona giran virtualmente en torno a la sustancia. Importantes actividades sociales, laborales o recreativas pueden abandonarse o reducirse debido al consumo de la sustancia (Criterio 6). El sujeto puede abandonar las actividades familiares o los hobbies con tal de consumir la sustancia en privado o estar más tiempo con amigos que tomen la sustancia. También puede ocurrir que, a pesar de reconocer la implicación de la sustancia en un problema tanto psicológico como fisiológico (p. ej., graves síntomas de depresión o lesiones de órganos), la persona continúe consumiendo la sustancia (Criterio 7). El aspecto clave en la evaluación de este criterio no es la existencia del problema, sino más bien la imposibilidad de abstenerse del consumo de la sustancia, a pesar de ser consciente de las dificultades que esta causa." (APA, 1995, pp. 182-184).

CAPÍTULO 3

CARACTERÍSTICAS Y REFLEXIONES SOBRE ALGUNAS DROGAS

Este apartado tratará sobre algunas drogas que por su uso cotidiano, recreativo, por prescripción médica o por el simple hecho de experimentar sus efectos, se han convertido, a lo largo del tiempo, y por el abuso y la dependencia a las mismas, en un serio problema para las sociedades, familias e individuos del mundo occidental contemporáneo.

3.1 Alcohol

Sin duda, la droga más utilizada de todos los tiempos en la mayoría de las sociedades es el alcohol. Reconocido también por ser un depresor del Sistema Nervioso Central, no obstante que su uso común puede ser visto como un infaltable acompañante de la fiesta y la alegría, cuando se consume moderadamente. Esto hacer creer, en principio, que genera reacciones más estimulantes y hasta eufóricas, que depresoras.

Hay que subrayar que este efecto inicial del alcohol se debe a la acción que tiene sobre las neuronas inhibidoras, cuya función es el autocontrol y que al afectarlas inicialmente generan cierto nivel de deshinibición. Pero al incrementar el consumo de alcohol, nos damos cuenta del verdadero carácter depresor que tiene esta sustancia, que se ve reflejado, por un lado, en las conductas motoras, la dificultad del equilibrio al caminar y estar de pie, y, por otro, en la afectación del lenguje y la percepción.

Es cierto que se reconoce como una sustancia que puede tener efectos positivos sobre la salud, en el funcionamiento del corazón, por ejemplo. Algunos médicos recomiendan consumir diariamente una copa de vino a las mujeres y hasta dos a los hombres, de preferencia, con alimentos.

Sin embargo, el consumo de alcohol, también es el principal causante de accidentes automovilísticos y muertes entre los adolescentes, uno de los principales elementos que acompañan la violencia intrafamiliar y un gran inductor de suicidios. Y la dependencia al mismo, puede llegar a generar hasta la destrucción de la propia familia y ser causante de graves enfermedades como la cirrosis hepática.

Es una droga legalizada y de fácil acceso a las personas de diversos medios socioeconómicos y de todas las edades. Aunque hay restricción legal para la venta a menores de edad, estos muchas veces con el permiso y hasta la inducción de los padres e indulgencia de las autoridades reguladoras, tienen posibilidades de comprar y consumir bebidas alcohólicas desde edades muy tempranas. Ello explica que haya jóvenes ya con cierto grado de dependencia alcohólica, aun cuando se espera que para la adquisición de esta adicción puedan pasar al menos diez años de consumo frecuente y a dosis altas.

Otro punto grave de la ingesta de alcohol, es que aun cuando se consuma una cantidad reducida de copas (dos o tres), dependiendo de la velocidad de la ingesta entre una copa y otra, la edad, la habituación, el peso, las condiciones físicas y el contexto en el que se consume, puede provocar alteraciones en la conciencia, el pensamiento, la percepción y los reflejos psicomotrices del consumidor. Y, por lo tanto, causar problemas serios si el bebedor realiza actividades en las cuales se exija la máxima alerta, por ejemplo, cuando se conduce un automóvil. Es decir, con el alcohol no se requiere ser dependiente del mismo para causar estragos sociales, familiares o individuales, porque sus efectos pueden ser verdaderamente nocivos, en momentos inesperados, aun para los que no son alcohólicos.

El alcohol etílico se obtiene por diversos métodos como son la fermentación y la destilación de algunos frutos, granos y plantas. De estos se pueden producir vinos, cerveza, aguardientes y licores. Los vinos de mesa tienen un porcentaje de 9% a 14% de alcohol; las cervezas de 4% hasta 10%; y aguardientes y licores de 20% hasta 60%.

Con el descubrimiento de los neurotransmisores, se ha podido explicar cómo es que algunos de estos funcionan como elementos fundamentales en el estímulo al consumo de alcohol y en el mantenimiento del mismo. Este es el caso de la dopamina, sustancia química natural del organismo, que entre sus diversas e importantes funciones está la de producir recompensas agradables. Algunas drogas, además de la actividad sexual y la comida, liberan dopamina en el cerebro y esto hace que se busque repetidamente esa experiencia rica en sensaciones placenteras. El alcohol es una de esas drogas.

Es muy probable que las situaciones, personas, ambientes satisfactorios, etc., queden relacionados al consumo de alcohol y se mantengan fuertemente fijados en el cerebro, y que fácilmente, por asociación, detonen la liberación de dopamina, lo cual hace que los estímulos para consumir estén, además de en el alcohol propiamente dicho, en los elementos y circunstancias que lo acompañaron.

El alcohol se asimila con rapidez a través del tubo digestivo, estómago, intestino delgado y el colon. ¿Cuánto tiempo tarda en absorberse? Siempre dependerá de la cantidad, la rapidez, la alimentación previa o si se come simultáneamente mientras se bebe, etc. Considerando todos los elementos descritos, el tiempo de absorción puede variar entre un par de horas, hasta posiblemente 4 o 6 horas.

Normalmente, el principal proceso de metabolización del alcohol ocurre en el hígado. Sin embargo, también participan otros aparatos importantes del organismo como son el corazón y el estómago. El tiempo que tarda el organismo en eliminar el alcohol del cuerpo es aproximadamente de una hora por copa (20-30 gramos por hora). En las personas del sexo femenino, puede tardar un poco más, porque su proceso de eliminación es comúnmente más lento. También hay que considerar el peso y la talla del consumidor.

De acuerdo a la cantidad de alcohol en la sangre, se van produciendo los efectos en las personas bebedoras. Por lo general, cuando hay alrededor de 15 mg/100 ml o menos de alcohol en la sangre, no se presentan efectos de ningún tipo. Si se aumenta en el torrente sanguíneo a una cantidad de 30 mg/100 ml, es probable que se presenten algunos leves efectos, sobre todo en personas que no han desarrollado ese proceso neuroadaptativo que denominamos anteriormente, tolerancia. Empezamos a percibir una serie de efectos, muy evidentes, hasta que el alcohol en la sangre ha llegado a unos 50 mg/100 ml. El grado de intoxicación suele alcanzarse cuando circula por la sangre la sustancia etílica a partir de 100 mg/100 ml, y es en ese momento cuando observamos en el consumidor alto, un caminar vacilante y un lenguaje atropellado, arrastrando la lengua. Cuando se llega a más de 400 o 600 mg/100 ml es posible que se presenten estados de coma e incluso la muerte del bebedor.

Aún sin llegar a estos extremos mortales, el consumo crónico de alcohol puede causar una serie de enfermedades físicas tales como gastritis, úlceras, cirrosis hepática, problemas cardíacos, etc., sumándose a estas, los problemas cognitivos y de memoria, típicos de los alcohólicos, además de la serie de alteraciones que genera en el ámbito moral y emocional.

Es indudable que la capacidad de producir dependencia del alcohol es por dos vías: la física y la psicológica, lo cual hace que el proceso de recuperación sea muy difícil, con una gran cantidad de recaídas en los diversos intentos que el bebedor tiene para dejar de consumir. Uno de los momentos más difíciles y lastimosos se presenta cuando al iniciar un tratamiento profesional o cuando el alcohólico decide tratar de retirarse de la bebida por su cuenta, hace su aparición el síndrome de abstinencia. El conjunto de síntomas y signos que suelen manifestarse en los alcohólicos, va desde una gran ansiedad, pasando por vómitos, escalofríos, temblores corporales, miedos, incremento de la frecuencia cardíaca, presión arterial alta, hasta el delirium tremens, que se caracteriza por la intensificación de delirios y alucinaciones.

Así pues, una sustancia que se puede disfrutar sanamente en dosis moderadas, es al mismo tiempo un terrible veneno tóxico si se consume a puntos de intoxicación. La inocuidad de la droga legalizada del alcohol, ha pasado a ser la que más estragos sociales, familiares e individuales, causa en el mundo occidental. Por eso requiere, no de su prohibición, pero sí de una mayor educación y regulación para su consumo, fundamentalmente en los jóvenes adolescentes y jóvenes adultos.

3.2 Mariguana

Se trata de la droga ilegal más consumida en el mundo. Es una planta que ha estado cerca de la humanidad por más de doce mil años. Algunos autores señalan que el primer uso de la misma se tuvo por el año 2737 a. de C., en China. ¿Para qué se usó? Para aliviar el reumatismo, la falta de sueño, problemas relacionados con la menstruación, incrementar la virilidad o potencia sexual entre los hombres, etc. Su principal componente químico es el Delta-9 Tetrahidrocanabinol (D-9 THC). Al parecer llegó a América a través de los españoles que la conquistaron, aunque para estos su uso estaba destinado al cáñamo, el hilo resistente con el cual se supone también amarraron las velas de las Carabelas de Cristobal Colón.

Sus orígenes están en Asia, en el Himalaya. Aunque no hay acuerdo sobre el origen del nombre de la mariguana, la explicación que más me convence a mí es la que propuso el Dr. Ignacio Guzmán, investigador mexicano, quien considera proviene del náhuatl a partir de la palabra *malihuana*. Parte la palabra en tres tantos: 1) *mallin*, que significa prisionero, 2) *hua*, que quiere decir propiedad y 3) *ana*, que significa agarrar o asir. Guzmán supone que el sentido global que los indios le daban al nombre y a la hierba es que se trata de una planta que aprisiona, que se hace dueña de quien la consume (Hernández et al., 2013). Me parece que esta concepción hace sentido porque curiosamente también la palabra *addictum* se utilizaba para describir a los esclavos en la época romana (Kalina, 2000).

Los cannabinoides, alrededor de 70, son los que contiene la planta de la mariguana y son justo estos elementos químicos los que generan los efectos conocidos en el mundo de las drogas. Se ha documentado que la mariguana, el THC, contiene una variedad de propiedades que la han elevado hasta el uso medicinal, como en aquel lejano entonces de la China Milenaria. Y más allá del potencial adictivo que tiene como consumo recreativo, entre las propiedades positivas de la mariguana se encuentran su capacidad analgésica, anticonvulsiva y como relajante muscular. Sin embargo, hay una postura importante de muchos médicos e investigadores, que señalan que existen otras drogas legales, que tienen un mejor resultado que la mariguana, por lo cual no recomiendan su uso y de paso se oponen a su legalización con fines terapéuticos o médicos.

Por otra parte, están los efectos recreativos, principal razón de su uso, que son: relajación general, francas risotadas, especie de atemporalidad o sensación de un curso lento del tiempo, aletargamiento, somnolencia, distorsiones perceptuales de tipo visual y kinestésicas, clara afectación a la memoria inmediata, problemas del lenguaje y la expresión sonora. Si hay un consumo crónico es posible que se tengan dificultades para concentrarse y por tanto para la asimilación y comprensión de tareas e instrucciones.

Un síndrome muy conocido en los habituales consumidores de mariguana, es el síndrome amotivacional, asociado a los efectos anteriores y sobre todo a una tendencia apática para realizar las diversas actividades que exige la vida cotidiana. Es decir, que se reconoce como un desgano generalizado para hacer esfuerzos físicos, estudiar, concentrarse y aprender. Hay datos que suponen un alto riesgo para quienes tienen cierta predisposición genética a la psicosis, ya que esta se puede desencadenar al fumar mariguana. Otros efectos se relacionan con alteraciones fisiológicas, como un gran estímulo para comer y beber agua, por la sequedad que produce la hierba.

Tradicionalmente se reconocía a quienes fumaban mariguana porque traían los "ojos rojos", lo cual hacía que se pusieran gotas para reducir o desaparecer ese efecto que los denunciaba ante su familia o las autoridades. De la misma manera que con el alcohol, es factible que se produzca una cierta alteración de la percepción, que se puede presentar como ilusiones y alucinaciones. Así mismo, bajo los efectos del THC, se manifiesta una deficiente coordinación motriz. Estos dos últimos efectos pueden generar el mismo riesgo de accidentes automovilísticos que produce el consumo de alcohol. Hay que decir que los efectos de la mariguana fumada, una vez realizada la ingesta, se pueden manifestar hasta media o una hora después y su máxima expresión se presentará en unas dos o tres horas más. La duración del efecto puede permanecer de 28 hasta 72 horas después de haberla fumado. Por otra parte, los residuos o metabolitos de la mariguana suelen eliminarse hasta una semana después a través de las heces fecales y de la orina.

En cuanto a los daños físicos que puede causar el abuso del consumo de mariguana, se encuentran la bronquitis, problemas de tipo cardíaco, daño en la capacidad reproductora, infertilidad (aunque este daño desaparece una vez que se deja de consumir) y en el sistema inmune, sobre todo si se asocia al Virus de Inmunodeficiencia Humana (VIH).

Si bien la mariguana no ha generado los estragos del alcohol, no se le puede ver como una droga inocua. La creciente tendencia a la despenalización de su uso, debe estar muy bien acompañada por regulaciones sanitarias consistentes, eficientes y efectivas, para evitar que su consumo inicie en edades demasiado tempranas y con ello los daños que otras drogas legalizadas han causado, como el alcohol y el tabaco.

En esta misma línea, me parece innecesario que en un país como México, cuyo consumo de esta droga y de todas las ilegales, no es significativo, se le quiera legalizar en todos sus rubros. Es claro que la percepción de riesgo del consumo de mariguana disminuiría por la avalancha de comerciales e incentivos para su uso, que se vendrían en cascada, por parte de los comerciantes que harían el negocio legal de la mariguana. Buscarían promover por todos los medios posibles su venta y su consumo, y como siempre, la población objetivo serían los jóvenes. Es cierto que cuando el consumo de mariguana ya está instalado y generalizado en un alto porcentaje de la población, lo mejor sería regularlo por parte de un Estado eficiente en la materia. Pero cuando el consumo es apenas incipiente y hasta cierto punto estacionario, como en México, si se legalizara la mariguana lo más probable es que se generaría un fuerte incremento en el consumo entre los jóvenes y el gobierno no tendría suficiente capacidad de atención, como no la tiene ahora ante los problemas que representan el alcohol y el tabaco.

Además, nuestro país no se caracteriza por tener un Estado regulador eficiente. Recuérdese que según los resultados de la ENA 2011, los menores de edad compran el tabaco y probablemente el alcohol, mayoritariamente en las tiendas de abarrotes, sin que nadie lo impida. Por eso considero que, si hasta ahora México se ha mantenido como un país de bajo consumo de drogas ilegales, no hay que mover las condiciones que lo mantienen en esa favorable situación. En lugar de legalizar, es absolutamente necesario hacer más eficiente el sistema regulatorio para evitar el consumo de alcohol y tabaco en menores de edad, reducir a tasa cero los riesgos de accidentes automovilísticos por consumo de alcohol, y mejorar la eficiencia en los sistemas de salud del país, en las áreas de salud mental y adicciones.

3.3 Opiáceos

La cancelación del dolor es una aspiración muy genuina de los seres humanos, pero hacerlo a través de las drogas ha tenido costos muy altos. Los derivados de la planta adormidera o la "lindísima amapola", se han extendido a lo largo del globo terrestre y han causado severas afectaciones a quienes se han atrevido a tener un consumo experimental, para después ser víctimas de los encantos mortíferos de la droga, quizá una de las más adictivas de la historia.

En el organismo habitan sustancias similares al opio, se les llama opiáceos endógenos, que nos amortiguan el dolor físico de manera natural. Los neurotransmisores que cumplen esta función son llamados endorfinas, encefalinas y dinorfinas. Pero cuando se introducen los opiáceos externos, es decir, morfina, heroína, codeína, etc., se inhibe la liberación natural de los opiáceos internos o endógenos, como las endorfinas y esto lleva a un proceso acumulativo del opiáceo interno, es decir, ya no se libera normalmente a las endorfinas, lo que provoca tolerancia, esto es, necesidad de más opiáceos externos y, en consecuencia, su correlativa dependencia. Está documentado que, por ejemplo, en el caso de la dependencia a la heroína, la tolerancia aumenta a tal punto que se requiere 100 veces más de la misma dosis inicial, para causar el efecto que se tuvo al comienzo de su administración. Son suficientes unos cuantos días de consumo repetido para ir generando, de manera muy rápida, la tolerancia.

La duración de los efectos de los opiáceos externos es aproximadamente de entre tres y seis horas. Su eliminación es mayoritariamente por vía renal. ¿Cuáles son sus principales efectos? Como se puede deducir de lo anterior, el máximo efecto es que son un potente analgésico. Otros elementos que acompañan el efecto primario son sueño, alteraciones en el estado de ánimo, cierto grado de ansiedad o miedos inespecíficos. También puede presentarse desgano, distracción, lentitud psicomotora, problemas respiratorios y arritmias, es decir, latidos del corazón demasiado rápidos (taquicardia) o demasiado lentos (bradicardia). Puede haber una disminución de la frecuencia cardíaca por debajo de 60 pulsaciones por minuto.

El síndrome de abstinencia suele ser muy duro y se puede presentar ante una suspensión repentina, después de 48 horas de consumo constante. Entre los principales síntomas y signos tenemos por supuesto el ferviente deseo de seguir consumiendo opiáceos, lagrimeo, estornudos, fuertes calambres y dolores musculares, intensos dolores abdominales, náuseas, diarrea, etc., y su máxima expresión suele durar entre 36 y 72 horas y luego, paulatinamente, van disminuyendo. Difícilmente los momentos más dolorosos durarán más de 5 días, obviamente con su respectivo tratamiento

(Souza y Machorro et al., 1997). Han sido más de 4000 años a. de C., en los que se han consumido derivados del opio. En el año de 1874 fue procesada la morfina, para elaborar sintéticamente la heroína, por parte de los laboratorios Bayer. Desde entonces hemos visto cómo se presentan por rachas, afortunadamente temporales, en diversos países como España, graves consecuencias del consumo de esta droga, derivada de la síntesis química de la morfina, que por cierto tomó su nombre del dios griego Morfeo, el dios del sueño (Molina, 2011).

3.4 Cocaína

Por un periodo de casi doce años, Sigmund Freud utilizó la cocaína, sin saber el fuerte potencial adictivo que la caracterizaba. El conocimiento que se tenía hasta ese momento de esta droga, era que no causaba adicción alguna. Al contrario, se decía que era muy efectiva para curar muchos males, e incluso las adicciones al alcohol o a la morfina. A él, le daba fuerza y resistencia para trabajar por largos periodos de tiempo. Le recomendó consumirla a su novia, Martha Bernays, que a la postre fue su esposa. También la sugirió como sustancia alternativa a la adicción de la morfina, a su amigo Ernst von Fleischl-Marxow, cuya adicción fue causada por el fuerte dolor que le provocó la infección de una herida en un dedo. Pero la cocaína tenía, desde entonces, una característica fatal de generar adicción, por lo que al poco tiempo el amigo de Freud murió, siendo adicto a ella.

Así es como se empiezan a consumir algunas drogas, bajo la percepción equivocada de que no harán daño, hasta que el conocimiento científico permite descubrir lo peligrosas que son para la salud, algunas de las sustancias que en un principio no lo parecían. Los pueblos indígenas de Bolivia, Ecuador y Perú, consumían la hoja de coca para poder desarrollar los pesados trabajos que los conquistadores les obligaban a realizar y para regular la presión que la altitud de sus pueblos les causaba, provocando ese malestar que ellos llaman "mal de montaña" o "soroche". Pero de ahí al consumo como cocaína, no como hoja de coca, estamos en un punto muy diferente.

En la actualidad esta droga ocupa el segundo lugar (solo después de la mariguana) entre las drogas ilegales más consumidas, ya no únicamente en las clases altas como en los años ochenta, sino también en niveles medios y bajos de la economía. Además, un dato muy significativo es que alrededor del 98% de los consumidores de cocaína lo hacen en un ámbito donde el alcohol es alternado con la sustancia blanca. Existen por lo menos tres formas de preparar la hoja de coca: 1) la clásica cocaína a base de clorohidrato, es la forma más común de consumo en México; 2) el sulfato, denominado en el sur de América como el basuko, pasta de coca o coca base, que se mezcla generalmente con tabaco o mariguana; y 3) el crack, normalmente mezclado con tabaco. Se puede consumir por la nariz, con el "jalón" o esnifar, fumada, inyectada o incluso inhalada.

¿Qué efectos produce? Como lo hemos adelantado de alguna manera, lo primero que causa es euforia, sociabilidad, seguridad, agilidad mental, hiperactividad y gran deseo sexual. Baja la sensación de cansancio y al ser un potente estimulante del Sistema Nervioso Central, provoca insomnio, quita el hambre y puede generar un incremento en la tensión arterial. Por todo ello, la dependencia psicológica a la cocaína es la número uno entre las distintas drogas, además de instalarse muy rápidamente como tal. En condiciones de dependencia se observa cómo el adicto va dedicando una gran cantidad de dinero, energía y tiempo a la búsqueda de más dosis. Un daño muy evidente es la perforación del tabique de la nariz, hay baja de peso porque el drogodependiente deja de comer, es frecuente la sinusitis y es causal de infartos, derrames, hipertensión, etc. Es común ver que un cocainómano entre en estados delirantes o persecutorios y caiga en estados depresivos, ya que después de la euforia, viene la tristeza. Hay baja, después de incrementarse al principio, del deseo sexual, hasta llegar a una fuerte apatía para el sexo.

En cuanto al funcionamiento de los neurotransmisores se observa que hay una acción múltiple. Se puede explicar la euforia del cocainómano a partir de que existe un impedimento en el mecanismo de recaptura de dopamina, serotonina y noreprimefina. Al presentarse una inhibición de la transmisión de dopamina, se genera una sensación de falta de deseos placenteros, la anhedonia.

En relación a la forma de drogarse con cocaína, por vía intravenosa, resulta que tiene efectos a los 15 segundos de haberse inyectado. Pero el tiempo que duran los efectos no pasa de 10 minutos. En cambio, por la vía de la inhalación, en dos minutos el consumidor ya se puede encontrar intoxicado y se mantiene en ese estado durante una o dos horas. El promedio del efecto de la cocaína, ya sea por vía intravenosa o bien fumada, no es mayor de 40 minutos. Si es esnifada, la duración del efecto es mayor, hasta un promedio de dos horas.

La forma que tiene el organismo para eliminarla es a través del hígado y una parte por la vía renal, aunque de manera muy lenta. En cambio, el crack se absorbe principalmente a través de los pulmones, de ahí pasa al corazón y al cerebro de manera muy rápida, generando intoxicación en menos de 120 segundos, estado que dura apenas entre 5 o 10 minutos (Souza y Machorro et al., 1997). Por la muy breve duración del efecto de bienestar producido por esta droga, quienes se hacen adictos pueden pasar mucho tiempo consumiendo de manera contínua, para no permitir que "les baje" el efecto, y ese es uno de los motivos principales del enganche al crack.

En alguna ocasión, adictos a este fármaco me mencionaban que era tal la desesperación que les causaba la sensación de ya no sentirse bajo sus efectos, que cuando se les acababa, salían a la calle desesperados a tratar de conseguir más droga, hasta el punto de obtener dinero a través de robos o asaltos a transeúntes o a sus propios familiares, en sus casas.

La cocaína, en tanto que es un estimulante del Sistema Nervioso Central, tiene entre sus efectos el de producir alteraciones motrices, sobre todo si hay dosis elevadas. Siendo así, es posible que una persona intoxicada con cocaína, pueda tener serios problemas de coordinación psicomotriz y ser un riesgo si se coloca al volante de un automóvil. Puede incluso tener crisis convulsivas. Por otra parte, causa alteración en el funcionamiento pulmonar, que clínicamente se presenta como disnea y respiración cortada por falta de aire y con ruido medio chillón, como si el adicto estuviera silbando cada vez que exhala. Esto puede estar asociado a los problemas cardíacos, como las arritmias e insuficiencia cardíaca, que generan la dependencia a la cocaína.

De ser una droga aliada en los ritos y ceremonias de los indios del sur de América en su forma de hoja de coca, y que ya preparada, en el siglo XIX, era el remedio de todos los males, la cocaína pasó a ser una droga causante de grandes problemas de salud y uno de los motivos más importantes del crecimiento de la delincuencia organizada en el mundo.

3.5 Anfetaminas

Ellen Burstyn, fue la actriz norteamericana que protagonizó a Sara, madre de Harry (Jared Leto), en la película *Réquiem por un sueño*, dirigida por Darren Aronofsky. Es un personaje emblemático de la frecuente relación que existe entre la drogadicción y los trastornos de la alimentación. Era una señora que pasaba los días platicando con sus amigas en la acera de su calle; de repente, se ve involucrada, virtualmente, en un programa televisivo, su favorito, en el cual ella podría participar de alguna manera. Se anima a salir de la rutinaria reunión con sus amigas y se empeña en adelgazar para ponerse un bello vestido rojo que usó en sus años mozos. Recurre a las anfetaminas, recetadas por un nutriólogo para inhibir el hambre y así bajar de peso y talla, para lograr su sueño dorado: salir en la televisión. Llegó primero a la adicción a este medicamento, a la locura y a la muerte, antes que cumplir su sueño de ir al programa. Las anfetaminas le arrebataron su sueño y su vida.

¿Qué efectos tienen estas pastillas? Son medicamentos que generan una estimulación al Sistema Nervioso Central, que se manifiesta conductualmente con euforia, agitación motriz, mayor capacidad para concentrarse, atención más aguda, algunos ven incrementada su autoestima por la sensación de energía y fuerza que les produce. Aunque también es factible que se tengan reacciones agresivas ante el aumento de la sensibilidad de los sentidos y la tendencia a hablar sin parar. Por algunos de estos efectos, sobre todo por la sensación de no generar agotamiento y pasar por incansables, también se empezó a utilizar para un mejor rendimiento físico en deportistas. De hecho hay quienes consideran que con el uso de las anfetaminas se inició el doping deportivo. Acompañando estos efectos, se presentan una serie de reacciones tales como la falta de apetito, por eso su uso frecuente con fines dietéticos, tal como le pasó a Sara, en la película *Réquiem por un sueño*. El consumo no regulado de las anfetaminas puede generar alteraciones cardíacas como taquicardias, quitan el sueño (de ahí su uso entre estudiantes, sobre todo de las carreras médicas que, por un lado, tienen una sobredemanda de estudio y, por otro, conocen los efectos químicos y psicológicos de estas pastillas), provocan sequedad en la piel y en la boca, y generan problemas de presión arterial. Un síntoma que se observa clínicamente en Sara, es la tremenda contracción de la mandíbula y el rechinamiento de dientes. Estos son pues, algunos síntomas del consumo de este derivado de la efedrina, sintetizado desde 1887 por el químico rumano L. Edeleano. En casos graves se presentan cuadros psicóticos por inducción de anfetaminas, parecidos a la esquizofrenia y estados similares a la depresión mayor.

Derivados de las anfetaminas han surgido en el mercado negro una serie de fármacos, llamados drogas de diseño, muy utilizados principalmente entre jóvenes estudiantes; deportistas de alto rendimiento, quienes incursionan al deporte como aficionados o no profesionales, que quieren lograr rendimientos más allá de su real condición física; y entre los "traileros", quienes los utilizan para soportar las largas jornadas de conducción a las que son sometidos.

Quizá el más conocido de estos fármacos es el éxtasis, cuyo nombre científico o farmacológico es 3-4 Metilendioximetanfetamina (MDMA). No obstante que esta droga fue sintetizada entre 1910 y 1912, en Alemania, por la compañía Merck, su uso fuerte como droga de recreación fue en los años 80 y 90. La vuelta a la circulación del éxtasis corrió a cargo de un químico de los Estados Unidos, llamado Alexander Shulguin, quien había experimentado con ella y creía haber descubierto una serie de beneficios terapéuticos, sobre todo que hacía posible que personas con dificultades para expresar sus sentimientos y afectos reprimidos, lo podrían hacer si consumían esta droga. Fue así que su uso se volvió popular entre la clientela de los clubs nocturnos de California. No obstante, en 1985 el gobierno americano registra el éxtasis como una droga restringida por sus efectos tóxicos y dañinos para el organismo.

Entre los nombres de las metanfetaminas más conocidas y consumidas, además del éxtasis, están el "ice" o también llamado "glass" o "cristal", "speed", "meth" o "chalk". Básicamente manifiestan los mismos efectos y daños que producen las anfetaminas, con énfasis quizá en un mayor grado de sintomatología paranóica o la hipertermia (temperaturas muy elevadas) y convulsiones, que pueden causar la muerte del consumidor si no se tiene una atención expedita y profesional. Las formas de ingesta pueden ser inhaladas, fumadas, tomadas e inyectadas.

La absorción de las anfetaminas y sus derivados normalmente es por el tubo degestivo, se metabolizan por la función hepática y son expulsadas por la vía renal. Su conservación en el organismo puede durar hasta 15 horas. Estas drogas generan alta tolerancia y fuerte dependencia física y psicológica. El síndrome de abstinencia también es propio de los adictos a las anfetaminas y sus derivados (Souza y Machorro et al., 1997).

3.6 Tabaco

En algún tiempo, la planta del tabaco fue considerada recomendable para usos medicinales. El señor Jean Nicot de Villemain, diplomático, alguna vez Embajador de Francia en Portugal y reconocido por su erudicción, la promovió de esa manera y de él es que surge el nombre de nicotina. Para que esta promoción tuviera éxito, contó con el apoyo de la reina Catalina de Médicis, por lo que rápidamente, el tabaco fue conocido en toda Francia, a tal punto que incluso llegó a llamarse la hierba de la reina.

La nicotina, sustancia de la planta del tabaco que es su principio activo, fue aislada por dos jóvenes de la Universidad de Heidelberg, uno estudiante de química, Ludwig Reimann y el otro, estudiante de medicina, Wihlem Heinrich Posselt, en el año de 1828. Esta droga de las Américas, al igual que otras, acabó siendo señalada como nada benéfica para la salud de las personas, tanto para las que fuman como para quienes inhalan el humo de los fumadores. Para algunos, el potencial adictivo más fuerte de todas las drogas es la nicotina, incluso por encima de los derivados del opio y la cocaína.

Droga legal pero, hoy por hoy, la que más rechazo social causa entre los no fumadores, y más aún, entre los que fumaban y dejaron de hacerlo. Hasta hace pocos años, el tabaco era una droga ampliamente aceptada en el mundo del glamour, del cine, de la gente importante. Fumar se consideraba un signo de distinción, de personalidad, por lo cual, lejos de alejar a los jóvenes del atractivo del cigarro, fácilmente se les inducía, de manera consciente o inconscientemente a que lo hicieran. En tanto que todo mundo fumaba, despreocupadamente, sin rubor, sin la más mínima pena, los jóvenes, incipientes candidatos a la vida adulta, tenían la señal de que fumar tabaco no era dañino, sino antes bien, una práctica elegante.

Desde los años 60 se empezaron a realizar investigaciones relacionadas con el tabaco, sus efectos y sus daños, y ya con muchos elementos científicos se determinó que efectivamente, el cigarrillo no es inocuo. Los gobiernos de casi todos los países inician una campaña muy agresiva, preventiva y restrictiva, articulada, cerrando el paso a los fumadores y a las empresas tabacaleras. No he visto en mi carrera profesional de más de 30 años, una campaña que haya tenido tanto éxito como la que se ha realizado internacionalmente contra el tabaco. Las relaciones del tabaquismo con el cáncer, con problemas cardiovasculares, respiratorios, etc., han sido por demás contundentes. Se ha descubierto que un cigarrillo contiene más de 4 mil tóxicos. El alquitrán y la nicotina son los más dañinos.

¿Cuáles son esos daños? Afectaciones múltiples. Para empezar con la boca, mal olor, hinchazón de las encías y los dientes se tornan de un color amarrillento o café; úlceras, carraspeo en la garganta, reflujo, alteraciones en la capacidad olfativa y el gusto, infartos al miocardio, trombosis, cáncer en el pulmón, vejiga y laringe, entre otros.

Ya es difícil de negar: el cigarro causa adicción, presenta tolerancia y síndrome de abstinencia, que se caracteriza por fuertes deseos de fumar, irritabilidad, ansiedad, náuseas, tensión, insomnio, desconcentración, temblores, aumento de peso, etcétera.

La cantidad de nicotina promedio de un cigarrillo es de entre 6 y 8 mg. Un puro puede contener hasta 40 mg. La nicotina se absorbe por la piel, por la mucosa oral, el aparato respiratorio y el tubo digestivo. Casi toda es metabolizada por el hígado, aunque también participan en menor medida en este proceso, el riñón y los pulmones. Su eliminación es principalmente por vía renal, aunque también por la leche materna.

3.7 Inhalantes

Una de las experiencias más fuertes que he tenido en mi vida profesional relacionada con las adicciones, es cuando una tarde llegaba a la institución en la que trabajaba, los Centros de Integración Juvenil, y en la sala de espera estaba un joven sentado con una estopa con thinner cubriéndole la boca y la nariz. Él inhalaba la estopa ávidamente, con desesperación, con la mirada perdida. Era un paciente de la institución, que atendía el psiquiatra, pero que desgraciadamente fue imposible ayudarlo en el CIJ.

Después de varios intentos fallidos, de atención profesional, el joven seguía inhalando, seguía con la "mona" con thinner o cemento, hasta que su familia decidió internarlo en un "anexo" de los grupos no oficiales de Alcohólicos Anónimos, que tenía "tratamientos" poco profesionales, más bien inhumanos, donde fue sometido a baños de agua fría, lo rasuraron hasta las cejas, y otros maltratos imposibles de narrar. Al poco tiempo supimos que había fallecido, ya en franco estado psicótico, al parecer se suicidó.

Era un hombre que cuando no estaba drogado con los disolventes, asistía siempre acompañado por su madre, al tratamiento de consulta externa al CIJ, por los trastornos psicóticos asociados a la droga que inhalaba.

Los inhalantes o los disolventes volátiles se conocen originalmente no por sus usos adictivos, sino como herramientas de trabajo que están normalmente a la venta del público. Sin embargo, su fácil acceso hace posible que muchos jóvenes, incluso menores de edad, puedan utilizarlos no con fines laborales sino con el firme propósito de drogarse. Pinturas, lacas, thinner, cemento, pegamentos, etc., son productos que contienen tolueno, destilados del petróleo, xileno, metanol, acetona, etc., que son sumamente tóxicos para el organismo. Su acción en el Sistema Nervioso Central es inhibitoria y causa depresión, en la medida en que impide la neurotransmisión, ya que daña la membrana neuronal.

La capacidad volátil de los inhalantes hace que lleguen rápidamente a los pulmones y de ahí al torrente sanguíneo, que a su vez conduce estas malignas sustancias al tejido cerebral. Se afirma incluso que una vez inhalado, el tolueno en 2 minutos ya puede ser detectado en la sangre. Sus efectos son casi inmediatos y pueden durar hasta aproximadamente una hora, manteniendo un estado de somnolencia y letargo por dos horas más (Souza y Machorro et al., 1997).

Normalmente, la forma de eliminar del organismo los disolventes inhalados es a través de la exalación respiratoria, es por ello que fácilmente se puede detectar al inhalador, por el fuerte tufo que desprende al respirar. Evidentemente son drogas, aunque no estén consideradas en la lista de fármacos, y como tales, son capaces de generar tolerancia y adicción. La dependencia que pueden ocasionar es más de tipo psicológico que físico, por lo cual se comprende que los adictos no presenten síndrome de abstinencia.

Hace ya tiempo, atendí a un joven inhalador de 14 años de edad, que respondió favorablemente al tratamiento, pero en alguna ocasión, estaba en una bodega que recién habían pintado y me comentó que en lugar de escapar de ese fuerte olor típico que desprenden las pinturas de aceite, se quedó sentado, paralizado, sin moverse, hasta que llegó a sentir los efectos tóxicos de la sustancia. Él me dijo con toda sinceridad: "recaí, doctor, me quedé sentado hasta volverme a sentir drogado". Afortunadamente fue su único episodio y siguió adelante su vida, sin adicciones, hasta donde tuve conocimiento.

Pero lo que quiero ilustrar con este ejemplo, es la capacidad adictiva y su influencia, hasta con actitudes verdaderamente pasivas, que pueden generar los disolventes. No es raro escuchar, incluso en quienes no son adictos, que les gusta el olor de la acetona, la gasolina y otros solventes. Se reconoce que puede haber un gusto inicial por estas sustancias, aunque las consecuencias después sean fatales, como en el primer caso presentado.

Los efectos y daños que producen estas sustancias van desde cierta agresividad, verbal y física, desinhibición sexual, deterioro claro del juicio acompañado con sentimientos de omnipotencia, pueden presentarse delirios, alteración de la percepción (alucinaciones auditivas y visuales), la memoria y la psicomotricidad. El estado emocional es cambiante, con desgano, lentitud y ansiedad. Los adictos presentan dificultades para dormir y además, es casi imposible que puedan poner atención ante una demanda o instrucción específica. No es factible que caminen o se paren en buen estado, puede parecer que están borrachos y nos damos cuenta que no es así, por el olor de la sustancia inhalada, que los denuncia como intoxicados por alguna de las sustancias volátiles. Los podemos identificar con serias dificultades del lenguaje articulatorio, con problemas para hablar, ya que no se les entiende lo que dicen, hablan lento, no pueden masticar y tragar (disartria). Esto puede causarlo la intoxicación del momento debido a los inhalantes o porque estos ya ocasionaron alguna lesión cerebral.

Los efectos también se manifiestan sobre el estado de conciencia y la mirada móvil, es decir, con movimientos oculares rápidos e involuntarios, de un lado a otro o de arriba hacia abajo. Este efecto se conoce como nistagmo u "ojos danzantes", o bien, es posible que tengan mirada doble (diplopia) o borrosa. La adicción a los inhalables es una de las que más atacan a menores de edad y a personas en situación de calle o en la pobreza.

3.8 Benzodiacepinas

En México, la Ley General de Salud, vigente en el 2013, en el capítulo IV sobre Substancias Psicotrópicas, clasifica en cinco grupos a estas: 1) las que no tienen valor terapéutico, pero pueden ser un problema de salud pública por el uso indebido; 2) las que tienen valor terapéutico, pero al mismo tiempo pueden ser un problema grave de salud; 3) las que tienen valor terapéutico, pero al mismo tiempo pueden ser un problema de salud (nótese, le quitan lo de grave), y aquí están clasificadas las benzodiacepinas; 4) las que tienen amplios usos terapéuticos y posibles, pero menores, problemas para la salud; y 5) las que no tienen valor terapéutico, pero que solo se usan en la industria. Bajo este marco se rigen el uso legal o ilegal de las sustancias.

Ahora veremos un grupo de medicamentos que se consideran en esta ley, las benzodiacepinas. Se usan comúnmente como ansiolítico, tranquilizante "menor", sedante para dormir, anticonvulsivo y relajante muscular. En general, son bien aceptadas por la gente y fácilmente recetadas por los médicos, sean psiquiatras o no. El diazepam tiene varios receptores en el cerebro, a nivel de la corteza frontal y occipital principalmente. La vía de eliminación del organismo es renal, y en general pueden ser benignas. Pero aquí se aplica la máxima de Paracelso "el veneno está en la dosis" y efectivamente la toxicidad de las benzodiacepinas es de acuerdo a la dosis ingerida (obviamente para todas las drogas). Por ejemplo, en casos extremos, una dosis de Valium de 700 mg puede causar la muerte, en cambio una dosis adecuada puede ser hasta de 0.25 mg (ayuda a relajarse, disminuye la ansiedad e induce el sueño). Más allá de este gramaje dicha sustancia puede ser tóxica y hasta letal, si se ingieren dosis de más de 2 mg. (Souza y Machorro et al., 1997).

¿Por qué la ley las considera como posibles causantes de problemas de salud pública? Por su gran potencial adictivo. Causan tolerancia, intenso síndrome de abstinencia y dependencia física y psicológica. Su uso indebido puede llegar hasta la intoxicación de quienes las consumen, con una fatal depresión de los centros respiratorios, arritmias y pérdida de la conciencia. El síndrome de abstinencia se caracteriza por presentar una fuerte ansiedad, ganas de vomitar, dolor de cabeza, irritación e insomnio, entre otros síntomas y signos. Paradójicamente, muchas veces antes de ser adictos usaron las benozodiacepinas para dormir. Por eso es recomendable que los médicos manejen con mucho cuidado este tipo de medicamentos, ya que pueden revertirse sus efectos, si no se usan adecuadamente. Hay alternativas muy efectivas para relajarse, como el ejercicio o la práctica del yoga, y tienen beneficios duraderos para la salud.

3.9 Alucinógenos

En México, este tema nos remite al culto que le rinden al peyote, o como ellos le llaman, wirikuta, los indios huicholes de los estados de

Nayarit, Jalisco, San Luis Potosí y Durango. También nos recuerda a la célebre María Sabina, de la sierra del estado de Oaxaca, con sus hongos sagrados. El encuentro espiritual y los rituales, no parecen ser un problema de salud, al contrario, dan la sensación profunda de un gran bienestar de los pueblos de esas regiones, según sus propias tradiciones.

Si se dejan donde nacen y crecen los hongos y el gran cactus, el peyote (dios de los huicholes), no tendríamos de qué preocuparnos. Pero si las personas ajenas a estas culturas tratan de buscar, sin saber cómo, un encuentro con los dioses, es probable que en ese "viaje" no encuentren el camino de regreso. Y tampoco es factible que aquellos "dioses" los acepten, con gracia y sabiduría, permanentemente. Tanto la mezcalina, sacada del peyote, como la psilocibina, de los hongos, son los principios activos que tienen efectos diversos y cambiantes, como estimulantes, depresores y sobre todo alucinantes.

Estas sustancias alteran el Sistema Nervioso Central, principalmente a nivel de la percepción, por lo cual se genera una gran distorsión visual de la realidad y se llegan a generar síntomas parecidos a los de las psicosis, particularmente la esquizofrenia. Por eso señalo que no todos están preparados para regresar lúcidos de esos viajes espirituales y divinos que realizan los huicholes. Por fortuna, el consumo directo del peyote y los hongos alucinógenos no constituye un problema de salud pública en el mundo.

Existe otra droga alucinógena más potente que los hongos y mucho más aún que el peyote: el LSD. Como se conoce mundialmente, el químico suizo Albert Hofmann, el 16 de noviembre de 1938 logró sintetizar el LSD 25, en los laboratorios Sandoz de su país natal. Hofmann pretendía descubrir un tipo de analéptico a partir de un alcaloide que se encuentra en el llamado cornezuelo del centeno, que en realidad es un hongo que crece y que daña el cereal. Al aplicar el alcaloide con animales se percató que se ponían muy inquietos y eso le desagradó porque no lo condujo hacia donde él quería o pensaba llegar. Dejó el asunto, sin seguir sus investigaciones por esa vía, pero cinco años más tarde, sin querer, vía cutánea, su organismo absorbió algo de esa sustancia que estaba manejando, que a la postre sería el LSD, y empezó a tener visualizaciones agradables que hoy llamamos psicodélicas. De ahí, decidió ingerir una mayor dosis y eso sí que lo "colocó". A partir de entonces, el consumo de LSD se hizo popular en los años 60, con el movimiento hippie.

En el mundo de la psiquiatría se ha utilizado el LSD como parte de la investigación de las psicosis pues, al parecer, incide de alguna manera en los mismos receptores como la serotonina y el glutamato, que son disfuncionales en la esquizofrenia. El LSD se ha utilizado para atender alcohólicos (induciéndolos a que toquen fondo y con ello parar la ingesta compulsiva), en pacientes cancerosos y con diversas enfermedades, sin que se tengan resultados favorables contundentes. Es un hecho que aún con sus posibles y alentadoras aplicaciones terapéuticas, sigue siendo una sustancia no apta para fines médicos. Es una droga considerada ilegal y es necesario realizar nuevas investigaciones, como se hace en algunas partes del mundo, para obtener mejores y más consistentes resultados, y así pueda cambiar de estatus.

Entre sus efectos, el principal sigue siendo el psicodélico, la alteración de la percepción que se traduce en alucinaciones y la distorsión del transcurso del tiempo y del espacio. En la misma línea, se genera confusión mental, sensaciones místicas, delirios y euforia desmedida. Indudablemente, como lo señalé con los hongos y el peyote, puede existir una alta probabilidad de tener un "mal viaje" con agudas crisis psicóticas y de ansiedad, además de profundas depresiones. Todo ello puede llevar al suicidio, en los casos más extremos.

Pero también los efectos fisiológicos pueden causar un gran malestar en la vida del consumidor de alucinógenos, ya que la intoxicación con estas sustancias puede provocar aumento de la frecuencia cardíaca, diplopia, escalofríos, sudoraciones, etcétera.

Una dosis de 2 mcgr/kg de LSD puede tener efectos somáticos rápidamente. Después de 3 horas, aproximadamente, pueden presentarse las alucinaciones y distorsiones perceptivas: positivas (sensaciones agradables) o negativas (terror y pánico).

En el caso del peyote, se requiere un equivalente de 5 mg/kg de mezcalina para generar sus efectos, que pueden durar más de 12 horas. En cuanto a los hongos, se requiere una dosis de casi 8 mg de psilocibina para provocar efectos perceptuales, que se presentan de inmediato, solo unos minutos después de haber ingerido la droga. La duración de los efectos puede ser de 3 horas aproximadamente (Souza y Machorro et al., 1997).

En los alucinógenos, la tolerancia, el síndrome de abstinencia y la dependencia, en general, no son fenómenos clínicos que se puedan confirmar categóricamente; en realidad, no parecen existir. En principio, porque es difícil que alguien se la pase en estado de intoxicación durante mucho tiempo, por más moderado que este sea, y porque difícilmente puede haber un uso compulsivo de los mismos. El riesgo de un "mal viaje" es suficiente para disuadirnos de su uso. Estoy convencido que los alucinógenos no están hechos para la vida urbana, pues es muy peligroso perderse en alucinaciones por más de 12 horas. Aquí, en este mundo citadino, los dioses de los huicholes y de María Sabina no nos protejen.

CAPÍTULO 4

PREVENCIÓN Y PSICOPATOLOGÍA EN ADICCIONES

4.1 Factores de riesgo y de protección relacionados con el consumo de drogas

En los últimos años, en un intento por hacer más eficientes y efectivos los programas preventivos relacionados con el uso de drogas y la adicción a las mismas[3], el Comité de Prevención de Desórdenes Mentales del Instituto

---

[3] Existen informes en donde se señala que los programas preventivos desarrollados hasta el momento, han resultado generalmente un fracaso. Véase a Romaní (1999); Grup igia y colaboradores (2000); y Amigó (2002). Es elemental pensar que mientras no haya un cambio en el orden internacional, en cuanto a la política y la economía involucradas en el tráfico de drogas, la corrupción y la impunidad, difícilmente se podrá tener éxito importante en la prevención de adicciones. El relativo éxito que se ha tenido con la disminución del consumo de tabaco, ha implicado afectar las ganancias de las tabacaleras con agresivas políticas de fuertes impuestos y la cancelación de la publicidad en televisión y radio en determinados horarios considerados de alto rating. Dicho éxito se favoreció también con el rechazo de los llamados "fumadores pasivos", aquellos que no fuman pero que se ven expuestos a inhalar el humo de los fumadores. Por esta razón, se ha obligado a prohibir el consumo de tabaco en muchas áreas de la vida social, como restaurantes, bares, centros de trabajo y universidades. Es decir, que cuando se toman medidas consistentes y articuladas en el ámbito internacional y estas se cumplen, hay éxito preventivo.

de Medicina de los Estados, recomendó que solo se usara el término de prevención para referirse a aquellas situaciones en las cuales aún no se presenta o se desarrolla la enfermedad, y evitar con ello los conceptos tradicionales de prevención primaria, secundaria y terciaria, pues en esta última ya se presenta la enfermedad propiamente dicha (De la Fuente, 1997).

También se considera importante retomar el modelo de prevención basado en tres categorías de intervención: *universal,* para toda la población, *selectiva,* para personas consideradas con riesgo por encima del promedio de la población, e *indicada,* para las personas con una elevada situación de riesgo de presentación de la enfermedad (Gordon, citado por De la Fuente, 1997). Sin embargo, esta es una concepción predominantemente médica del consumo de drogas. Importante, sin lugar a dudas, pero insuficiente en tanto que parcial y excluyente de otros factores incidentes.

Por ello, en cuanto se refiere a las situaciones de riesgo y de protección, se amplía esta concepción médica y se incorporan los conceptos psicosociales involucrados en la manifestación de esta problemática (Hawkins et al., 1985; Juárez et al., 1994; CIJ, 1996, 1997).

Los factores de riesgo se vinculan con el concepto de **vulnerabilidad**, definida como la probabilidad que tiene un sujeto para desarrollar un padecimiento, siempre y cuando haya condiciones de riesgo (De la Fuente, 1997). Es necesario ampliar esta definición, pues además de la probabilidad de aparición de una enfermedad (que insisto, es una concepción extremadamente médica para aplicarla al fenómeno del consumo de drogas), es preciso mencionar que a la probabilidad de la presentación del consumo de drogas, no la denominaremos enfermedad, pues no lo es en términos llanos, en tanto que se trata en principio, de una acción o comportamiento que puede estar relacionado o no con una enfermedad, sea esta física o mental.

En este contexto, más que considerar los fenómenos en términos de causalidad, tal como lo sugieren otros autores (Juárez et al., 1994), solo mencionaremos la importante asociación estadística, que no causalidad, entre algunos factores considerados de riesgo, tales como los aspectos relacionados con los rasgos de personalidad y síntomas, y la presencia de rasgos de comportamiento del consumidor de acuerdo al instrumento aquí presentado, el DROYFAR.

Para este estudio se definen los **factores de riesgo** como aquellos elementos de la vida cotidiana de una población, relacionados con el consumo de drogas o alcohol. Estos factores pueden ser:

1) **Familiares.** Implican, entre otros elementos, la existencia de una disciplina inconsistente o extremadamente severa; ausencia de

relaciones de cariño; conflictos en la pareja; aceptación del uso de alcohol o drogas en el seno de la misma; abuso de consumo de tabaco, alcohol o drogas de parte de los padres; historia de alcoholismo en la familia; limitaciones en cuanto al ejercicio de las funciones de maternidad o paternidad; uso de drogas entre los hermanos; poca o nula afiliación religiosa; presencia de psicopatología entre los miembros de la familia, principalmente la depresión; presencia de actividades sexuales precoces; historia de conducta antisocial en los miembros de la familia; y antecedentes de abuso infantil, tanto sexual como moral y/o físico.

2) **Escolares**. Ambiente negativo, hostil, agresivo y hasta delictivo en el ámbito escolar; falta de definición en la política de la escuela en cuanto a la permisividad del uso de alcohol, tabaco o drogas ilícitas en la institución escolar; fuerte disponibilidad de tabaco, alcohol o comercialización cerca de o en la escuela; importantes o serias dificultades (reprobación constante, desatención, inasistencias y retardos reiterativos, etc.); falta de participación de los alumnos en las actividades organizadas por la escuela tanto culturales, académicas y deportivas; fallas en la interpretación (por estigma y exclusión por ejemplo) de lo que la institución considera como alumnos de "alto riesgo".

3) **Grupos de pares**. Grupos de amigos que desde temprana edad presentan comportamientos considerados antisociales; tendencia a actitudes de aislamiento y de rebeldía; actitudes de percepción favorable hacia el consumo de drogas; inicio de consumo de alcohol o drogas a edades muy tempranas; mayor influencia de los amigos que de los padres; amigos consumidores de alcohol, tabaco u otras drogas.

4) **Comunitarios.** Limitación económica y social; desorganización de la comunidad cercana y reducidos vínculos con los vecinos; falta de oportunidades de trabajo; carencia de oferta para realización de actividades recreativas alternas a la escuela; disponibilidad de drogas ilícitas, alcohol y tabaco en el barrio.

5) **Factores individuales.** Edad, específicamente la adolescencia; sexo (son más proclives los hombres); ausencia en la percepción de riesgo por el uso de drogas; depresión; conducta antisocial temprana; déficit de atención e hiperactividad en combinación con problemas de conducta (Rochin, 2005); violencia y victimización; baja autoestima; sin reacción a nuevos estímulos; poca adaptación al cambio; dificultad en la expresión del estado de ánimo; intensidad en la sensación de afectos, tanto positivos como negativos; sensación de lejanía del grupo familiar y el medio social;

estrés; debilidad en cuanto a resistirse ante la presión de grupos; sensación de angustia intensa; tendencia a la pasividad; falta de control de impulsos y desinhibición.

En este instrumento en particular se presta más atención a los factores de riesgo relacionados con los rasgos de personalidad y psicopatología de los adolescentes.

Por otra parte, es importante considerar el aspecto lúdico y recreativo del consumo de alcohol y otras drogas entre los jóvenes. Así, de acuerdo a algunos estudios (Amigó, 2002) los motivos propiciadores del consumo, al margen de cualquier consideración psicopatológica identificada por los jóvenes mismos, son:

- Sensación de placer y bienestar.
- Búsqueda de sensaciones nuevas y diferentes.
- Sentirse "colocado" con la sensación de estar bajo los efectos de alguna droga.
- Disfrutar más la diversión (una joven paciente me decía que con el consumo de tachas sentía escuchar mejor y diferente la música electrónica).
- Desconectarse de los problemas.
- Facilitar el contacto social.
- Sentirse libre.
- Obtener un sentido espiritual (especialmente con la cannabis).

Los **factores de protección** son definidos como aquellos que en presencia de riesgos, hacen menos probable la aparición de trastornos o problemas. Estos factores pueden ser considerados como moduladores o mediadores ante la presencia o exposición a situaciones de riesgo (mencionadas anteriormente) en este caso, para el consumo de drogas o alcohol. Puede decirse que la vulnerabilidad es al factor de riesgo, lo que la resistencia es al factor de protección. Lo importante aquí es no perder de vista un punto: los factores de protección y los factores de riesgo no son conceptos equivalentes en sentido opuesto, porque la presencia de unos no impide la presencia de otros. Entre los factores de protección tenemos:

- Importantes lazos positivos con y entre la familia.
- Presencia y autoridad reguladora, normativa y clara de los padres en el seno familiar que favorece la unidad de la misma.
- Padres involucrados respetuosamente en las actividades de y con sus hijos.

- Favorables relaciones entre la familia y las instituciones de la sociedad cercanas a la familia, como la escuela, iglesia, etc.
- Establecimiento de buenas redes sociales entre amigos, familias, organizaciones sociales, etc.

La combinación y el reforzamiento entre los distintos factores de protección, es lo que probablemente haga posible el surgimiento de una fuerte oposición al consumo entre algunos jóvenes y explica, de alguna manera, cuando no existe tal reforzamiento, el motivo por el cual algunos no pueden resistirse al uso de drogas (Hawkins et al., 1985).

Una vez definidos y explicados estos conceptos, nos abocaremos al estudio de los factores de riesgo de mayor importancia: los rasgos de personalidad y algunos problemas psicopatológicos.

4.2 Relación entre rasgos de personalidad y problemas psicopatológicos con el riesgo de uso de drogas

Es probable que con frecuencia el uso excesivo de alguna droga corresponda a un síntoma de una estructura psicopatológica mayor, o bien, como ahora se ha descubierto en el ámbito clínico psiquiátrico, se trata de una expresión de comorbilidad psicopatológica. Es decir, que además del trastorno por consumo de sustancias coexiste otra patología, como los limítrofes, antisociales o psicópatas, parafílicos o perversos, etc. (Souza y Machorro, 2010). Se conoce que el sujeto que se vincula de forma intensa o se engancha a alguna o algunas drogas, lo hace por la existencia de una mayor perturbación en el ámbito emocional y cognitivo, la cual es exacerbada o bien condicionada y sostenida por una situación disfuncional individual, familiar y/o social. De aquí la necesidad de conocer los problemas en esas esferas. Prestaremos atención inicial a la esfera individual.

El uso/abuso o adicción a las drogas de un joven, puede o pretende servir para pseudo aliviar un malestar psíquico, o para intentar mantener un equilibrio de un frágil sistema familiar. El malestar emocional y cognitivo puede ser, en la mayoría de los casos, un profundo sentimiento depresivo o quizá una sensación de desorganización y con ello, un sentimiento de pérdida de la identidad. Aunque también, hay que decir, que el uso de drogas puede ser de tipo recreativo, de fiesta, sin que necesariamente exista una patología subyacente.

Una línea de investigación que se ha seguido es la de relacionar el consumo de drogas con algunos aspectos de la personalidad de los consumidores, hasta incluir rasgos y cuadros psicopatológicos. Numerosos estudios han demostrado estas relaciones. Por ejemplo, las personas que consumen drogas lícitas e ilícitas por igual, con frecuencia presentan estados depresivos. Específicamente en el caso de las mujeres, se relacionan más sus estados depresivos con el uso de tabaco (Stefanis & Kokkevi, 1987; Lavik & Ostand, 1986); en tanto que en hombres, hay más relación entre el uso de alcohol asociado con otras drogas ilícitas como cannabis y tranquilizantes (Lavik & Ostand, 1986). En trastornos de la alimentación existe una importante relación con el consumo de alcohol y tabaco, no así con el uso del cannabis[4] (Lavik, Clausen & Pedersen, 1991).

Entre los jóvenes, en casi todo el mundo, el mayor consumo de drogas es de tabaco y alcohol, seguidos de la mariguana. En otro estudio ya con sujetos adultos, se observaron problemas psiquiátricos en personas de los dos sexos con consumo de cocaína, entre los cuales predominaron en las mujeres, los trastornos de ansiedad y en los hombres, la personalidad antisocial y el juego patológico. Asimismo, ambos sexos presentaron igual severidad de problemas depresivos (Ross, Glaser & Stiasny, 1988).

Otro estudio demostró una muy significativa relación entre la depresión y el abuso al alcohol y a otras drogas, en mujeres que habían sido víctimas de abuso sexual y físico por parte de los padres (Deykin, Buka & Zeena, 1992).

A su vez, Lara (2001) ha reflexionado sobre el hecho de que, aparentemente, las mujeres presentan mayores problemas de autoestima y mayor tendencia a la ansiedad. Otras investigaciones (Johnson, Tobin & Cellucci, 1992) han demostrado la relación entre las adicciones y la falta de control de impulsos, la incapacidad para postergar satisfacciones, las conductas antisociales delictivas y agresivas, así como con los rasgos narcisistas y paranoicos (Craig & Olson, 1992; Denier, et al., 1991).

Duarte (1997) encontró que las personas con algunas perturbaciones de personalidad son más vulnerables al consumo de drogas o para entrar en una carrera adictiva. Echeburúa (1996) descubrió una importante relación entre el alcoholismo y la depresión, tanto como causa o como consecuencia, resaltando que existe entre un 10% y 20% más de riesgo suicida, entre quienes presentan alcoholismo en relación con quienes no. Al igual que otros investigadores, este autor señaló la existencia de ansiedad, bajo rendimiento laboral y celos patológicos como consecuencia y causa del alcoholismo. En esta misma línea, sobre el estudio del consumo de alcohol entre jóvenes ingleses, se encontró que un mal comportamiento social y

---

4   Se explica porque el cannabis es un excelente medio para estimular el hambre; mientras que el alcohol es un sustituto calórico y el tabaco distorsiona en gran medida el sentido del gusto y es un sustituto oral de la comida.

una edad de inicio temprana, así como una falta de cohesión familiar son predictores de fuerte consumo de alcohol en los subsiguientes doce meses, en comparación con los abstemios o bebedores ocasionales, quienes no presentaron estas condiciones previas en los doce meses subsiguientes (Tsiboukli, 1998).

Pasando al tema de la cannabis, en una investigación realizada en Valencia, España (Amigó, 2002) para argumentar a favor de la legalización de los "porros" (cigarrillos de mariguana o hachís), se efectuó un estudio comparativo entre los efectos a corto y largo plazo en algunos rasgos de personalidad (ansiedad, insomnio, tensión, depresión, etc.) de los usuarios de tres drogas: el cannabis, la cocaína y el éxtasis. En México destacan los estudios de Lucio, G. M.; Ampudia, R. A. & Durán, C. (1999), en los cuales se demostraron serios desajustes emocionales entre los adolescentes consumidores de alcohol y otras drogas, tales como problemas de adaptación, desorganización, insatisfacción, desesperanza, falta de confianza en sí mismos y aislamiento social. Sin embargo, hay autores que están en contra de estas afirmaciones, sobre todo en la afectación de la mariguana, como Escohotado (1997), Romaní (1999) y Hernández, Rivera y Zenil (2013).

Otro trastorno significativamente relacionado con el consumo de drogas es el Trastorno por Déficit de Atención e Hiperactividad (TDAH), tanto en el historial infantil del paciente adicto como en la vida adulta. De tal manera que algunos investigadores han señalado que entre un 20% y hasta un 52% de quienes han padecido este trastorno, presentan problemas de adicciones, principalmente al alcohol, cocaína, opiáceos, crack, éxtasis, tabaco, etc.; además, en cuanto al historial de consumo de alcohol, los adolescentes diagnosticados con TDAH presentan una transición con mayor facilidad al consumo de otras drogas (Solís et al., 2003; Souza y Machorro, 2010; Ahmed, 2013).

Además, si se combina con otro trastorno como la personalidad antisocial, los problemas de ansiedad, los estados o cuadros de depresión o la bipolaridad, el índice de farmacodependencia se eleva considerablemente (Rochin, 2005). También se han realizado estudios en los que se relacionan los actos delictivos (principalmente el robo, los delitos contra otras personas y la venta de drogas) con el consumo de drogas, encontrándose que el estilo de vida delictivo, precede al consumo de drogas, aun cuando este se haya iniciado en edades muy tempranas; se ha concluido que la actividad delictiva y las experiencias tempranas de consumo de drogas (principalmente cocaína y mariguana) son predictores de un consumo de drogas adictivo (Krasus, 1981; Farrow & French, 1986; Vega et al., 1983; Cano & Borjano, 1986; Dembo et al., 1991; Elzo et al., 1992; Bilbao & Amenabar, 2001).

En forma resumida, puede afirmarse que los factores de riesgo individuales (incluyendo aspectos de la personalidad y psicopatológicos relacionados como causa o resultado del consumo de drogas y alcohol) son: ansiedad, depresión, falta de control de impulsos, conducta antisocial, conducta agresiva-delictiva (o disocial, según el DSM IV, para menores de 18 años), celos, desorganización y trastorno de falta de atención con o sin hiperactividad.

Justamente estos indicadores son evaluados por el DROYFAR (Drogas y factores de riesgo) complementariamente con el POSIT (Problem Oriented Screeing Instrument for Teenagers, 1998), en por lo menos cinco de las categorías trascendentes: *Problemas de Salud Mental; Problemas de Conducta Agresiva/Delictiva; Sintomatología por uso de drogas; Problemas de consumo. Uso/abuso de drogas; e Información deficiente sobre efectos y daños ocasionados por el uso de drogas.* Las dos primeras categorías corresponden al POSIT y las tres últimas al DROYFAR.

Otros aspectos importantes son las familias disfuncionales y la presencia de control familiar, los cuales son apreciados por el POSIT (Walfish, S.; Massey, R. & Krone, A., 1990, 1992; Solís et al., 2003; Molina, 2011).

El uso de drogas puede ser utilizado por el adicto para mantener en atención (y tensión), al resto de la familia, provocando una especie de unificación de esta en torno a él, casi siempre en el momento en el cual se estaba rompiendo el sistema familiar. Por ejemplo: los padres que están a punto de separarse, posponen o suspenden su decisión para atender al hijo que presenta problemas de drogas. También cuando el padre es alcohólico, muchas veces deja de beber o empieza a asistir al programa de Alcohólicos Anónimos (Bilbao, 1997)[5].

4.3 Información clínica obtenida por el DROYFAR

Las drogas más comunes en nuestra sociedad occidental son: alcohol, tabaco, mariguana, cocaína, heroína, éxtasis, benzodiacepinas, peyote, LSD y hongos del grupo de los alucinógenos. Por medio del análisis de los síntomas se pretende ubicar el tipo de droga utilizado, así como confirmar o no la aceptación de un tipo de droga usada comparando las respuestas

---

[5]   Programa de la Especialidad en Problemas de Farmacodependencia de la Facultad de Psicología, de la Universidad Autónoma del Estado de Morelos. Aprobada por el Consejo Universitario, en julio de 1997 y registrada en la SEP en ese mismo año.

respectivas con la sintomatología presentada, por vía del método de inclusión/exclusión de síntomas, de una manera agrupada.

El objetivo de tener una mayor y precisa información permite identificar la situación del uso de drogas y alcohol y, con ello, determinar las medidas de intervención a proponer, tanto en el ámbito preventivo como en el de tratamiento y/o rehabilitación. Asimismo, se pueden identificar y comparar los resultados de las Encuestas Nacionales de Adicciones, de la Secretaría de Salud, y la situación que prevalece en otros países de Europa y del norte, centro y sur de América, con los obtenidos por el DROYFAR, dando pie a una mayor especificidad por el uso local del instrumento.

La pregunta que surge en este momento es ¿qué lleva a los jóvenes a iniciarse en el consumo de alcohol, tabaco y otras drogas? Esta pregunta es demasiado compleja para ser respondida desde un solo ángulo. Por eso, se ha llegado a la conclusión de que existen una serie de factores biopsicosociales determinantes del consumo de drogas. Más aún, el problema no es precisamente el consumo, sino el abuso en circunstancias que pueden ser peligrosas, por el riesgo de daños a terceros o a sí mismos y por la posibilidad de desarrollar una tendencia adictiva hacia cualquier tipo de droga. En la actualidad, se han conceptuado algunos elementos que pueden acercarnos hacia posibles explicaciones de este fenómeno.

Así, como lo hemos visto en este capítulo, hoy se comprende la existencia de una cierta *vulnerabilidad* entre algunas personas, determinada por aspectos bioquímicos, psicológicos y sociales, la cual las lleva a seguir consumiendo. La situación se enmarca en una doble vertiente con valores negativos y positivos, según sea el caso, a los cuales se les ha llamado *factores de riesgo* y *factores de protección* (Hawkins, et al., 1985, pp. 1-10; De la Fuente, 1997). Estos tres conceptos, *vulnerabilidad*, *factores de riesgo* y *factores de protección*, son los ejes mediante los cuales es necesario analizar los resultados de la aplicación del DROYFAR, dando primacía a los rasgos de personalidad y a los problemas de salud mental de los jóvenes estudiados, tal como lo veremos en el siguiente capítulo.

CAPÍTULO 5

DROYFAR

5.1 Descripción del instrumento

Este instrumento se compone de 65 preguntas. Trece de ellas forman parte de los datos sociodemográficos que se solicitan al inicio del formato y 52 más están incorporadas al cuestionario, cuyo objetivo es diagnosticar los posibles riesgos a los cuales pueden verse sometidos los jóvenes, en relación al consumo de drogas (tanto lícitas como ilícitas), así como, en su caso, poder determinar con cierta precisión deductiva cuáles drogas emplean.

Después de diversos análisis, descritos con mayor detalle en los incisos relativos a la confiabilidad y la validez, se establecieron cinco factores en los cuales se distribuyeron las preguntas. Estos factores y su definición son los siguientes:

Sintomatología por uso de drogas. Consta de 20 reactivos. Identifica algunos efectos en el estado de ánimo, sensoriales, conductuales y fisiológicos que pueden causar diferentes drogas (mariguana, alcohol, cocaína, heroína, alucinógenos, benzodiacepinas, anfetaminas, tachas e inhalantes), tanto por su uso, abuso, intoxicación y abstinencia. Cuando no se registra consumo de drogas, pero hay una puntuación elevada en este factor, es posible que se pueda interpretar que el examinado presente algunos síntomas psicopatológicos de tipo psicótico, como alucinaciones, ilusiones y delirios, o bien, rasgos propios de las personalidades borderline, antisociales, depresivas, etc. (Ries et al., 2001).

El consumo de drogas requiere ser diferenciado, tanto por sus efectos, como por sus daños, para obtener una mayor comprensión de su capacidad de afectación en las personas y, por lo tanto, también para la prevención y atención del uso y abuso de sustancias. En este instrumento se ha considerado la sintomatología general que pueden producir, como efecto, algunas drogas. Cuando se hace referencia al efecto de la droga se está caracterizando el hecho de que esta ejerce su acción en un contexto y un tiempo límite, y que una vez eliminada del organismo, en tiempos determinados de acuerdo a las características de los consumidores (sexo, edad, talla, cantidad, tiempo de uso y frecuencia) así como de la constitución de la misma droga y su vía de administración (inhalada, fumada o inyectada), deja de presentarse dicha sintomatología. Cuando la droga ha ocasionado algún daño, entonces la sintomatología, en este caso psicopatológica, se mantiene aún después de la eliminación de la droga. Siendo así, se considera un trastorno mental inducido por drogas (APA, 1995).

Por sus efectos, las drogas se pueden clasificar en:

Estimulantes. Se trata de aquellas drogas (cocaína, crack, cristal, anfetaminas, metanfetaminas, tachas) que son capaces de producir excitación en el Sistema Nervioso Central. Estas pueden presentar comportamientos específicos tales como insomnio, agitación psicomotriz, desinhibición sexual, etc.

Depresoras del Sistema Nervioso Central. Alcohol, opiáceos (heroína, morfina), inhalantes y tranquilizantes (benzodiacepinas). Estas drogas son capaces de generar una respuesta inhibitoria en el comportamiento, así como hacer más lentos los procesos mentales y conductuales. Además puede identificarse un claro desinterés por las cosas, apatía, desgano, tristeza, etc.

Alucinógenas. Mariguana, hongos, peyote y LSD, son drogas que pueden producir alteraciones en la percepción, tales como ilusiones y alucinaciones auditivas, visuales, táctiles, olfativas y gustativas.

Ahora bien, es claro y muy importante saber, que estos comportamientos pueden llegar a presentarse sin el uso de alguna droga y frecuentemente están asociados a algunos trastornos mentales.

De esta manera puede establecerse, por ejemplo, una relación entre la sintomatología producida por el uso de estimulantes con la presentación de síntomas en cuadros psicopatológicos tales como las manías, los trastornos ciclotímicos, esquizofrenias (Souza y Machorro, 2010; Belloch, et al., 1996; Goldman, 1989; Coderch, 1987) y trastornos de hiperactividad con o sin problemas de atención (Souza y Machorro, 2010; Velasco, 1990). Los síntomas comunes serían: euforia, grandiosidad, agitación psicomotora, estados de hiper-alerta, sentimientos de persecución, irritabilidad, alucinaciones, delirios, trastornos del sueño, agresión y violencia.

En cuanto a la relación entre los efectos depresores de algunas drogas ya mencionadas en este rubro y los trastornos psicopatológicos, encontramos que los trastornos depresivos tales como la depresión mayor, descrita en el DSM-IV, la melancolía (Freud, 1923), o bien, la depresión tanto endógena como exógena, así como algunos trastornos de personalidad esquizoide, obsesivos o masoquismo moral (Coderch, 1987), presentan síntomas en común: inhibición emocional y conductual, sentimientos de tristeza, somnolencia, ansiedad, disforia, motricidad lenta, apatía, tendencia al sueño y autoreproche moral.

Finalmente, en cuanto a la categoría de drogas psicodélicas o alucinógenas, también es factible identificar una relación entre la sintomatología, los efectos producidos por estas y algunos trastornos de tipo psicopatológico, a saber: los cuadros psicóticos tales como la esquizofrenia y sus modalidades, hebefrenia, paranoia simple y catatónica, y limítrofes en funcionamiento bajo (López, 2004; Waltz, 2000; Masterson, 1975; Kernberg, 1987; Coderch, 1987). Todas las drogas de esta categoría presentan en común los siguientes síntomas: alucinaciones e ilusiones, rigidez y calambres musculares, incoordinación motora, distorsión de la percepción propioceptiva, pánico y desorganización del pensamiento.

Problemas de consumo. Uso/abuso de drogas. Consta de 7 reactivos. Se refiere al consumo ocasional y de abuso actual de alguna droga, tanto legal (alcohol y tabaco) como ilegal. La característica esencial del *abuso* de sustancias consiste en un patrón desadaptativo de ingestión, manifestado por consecuencias adversas significativas y recurrentes (APA, 1995). Sin embargo, el abuso también puede presentarse cuando la dosis de la sustancia ingerida es mayor que la capacidad del organismo para metabolizarla y desecharla, tal como sucede en jóvenes que ingieren por primera vez alguna droga o, bien, cuando la constitución física del consumidor tiene tal fragilidad metabólica, que lleva al sujeto a intoxicarse con dosis menores que a otros sujetos no afectarían. El abuso no siempre requiere de un patrón repetitivo de consumo, sobre todo para generar un cierto grado de riesgo de vida, para quien consume la sustancia. Por ejemplo, un adolescente que consume alcohol por primera vez, con un par de tequilas puede estar intoxicado y provocar un accidente al conducir un vehículo, a pesar de que esa dosis de consumo en otras personas sería moderada.

Con este factor se detectan conductas que pueden señalar el nivel de uso o abuso, o bien, de dependencia a drogas o alcohol. Como veremos a lo largo del manual, con el DROYFAR se pueden evaluar elementos tales como la frecuencia, así como la edad de inicio en el consumo de drogas lícitas e ilícitas, que complementan y fortalecen una evaluación objetiva del comportamiento ante las drogas.

Información deficiente sobre efectos y daños. Cuenta con 7 reactivos. Se refiere al conocimiento distorsionado que tiene el encuestado sobre los efectos y consecuencias que comúnmente produce el uso de algunas drogas (excepto tabaco y café). Con ello puede medirse la percepción de riesgo que se tiene del uso de drogas. Puede interpretarse como una racionalización para el consumo de estas.

Problemas de rendimiento académico. En este factor se registra la procedencia de la escuela, reporte de actividades y desempeño escolar que presenta el alumno en su trayectoria académica. Algunos estudios (Sánchez et al., 2002; Medina-Mora et al., 1992) han demostrado una relación importante en cuanto al bajo rendimiento académico y el uso de drogas, incluyendo el tabaco. Considerar el índice y la frecuencia de reprobación de materias entre los jóvenes, puede indicar un factor de riesgo de uso/abuso de drogas.

Falta de protección religiosa. Se refiere a la no pertenencia o afiliación y práctica de alguna religión, y la prohibición o no del consumo de alcohol o drogas en la misma. Asimismo, la ausencia de la práctica de una religión o actividad espiritual ha sido señalada por el NIDA (citado por Musacchio et al., 1992) como un factor de riesgo de uso y abuso de drogas; igualmente, la presencia de alguna práctica espiritual es considerada por los grupos de autoayuda (Alcohólicos Anónimos), como un factor favorable para la recuperación de los adictos. La Encuesta Nacional de Adicciones 2002, detectó que existe una relación entre el practicar una religión y no consumir drogas, de manera que esta se convierte en un factor de protección contra el consumo.

5.2 Forma de aplicación

Es altamente recomendable aplicar el DROYFAR con su complemento, el Problem Oriented Screening Instrument for Teenagers (POSIT) (Mariño et al., 1998), con la finalidad de contar con un diagnóstico más amplio y completo, como se explicará más adelante, en el apartado Análisis del DROYFAR y su desarrollo.

Se utilizan como materiales un cuadernillo y una hoja óptica para responder. El cuadernillo se divide en: instrucciones, datos sociodemográficos y las preguntas del cuestionario. En la primera parte del cuadernillo se encuentran indicaciones y ejemplos de la forma en que debe responderse la hoja óptica; en la segunda parte se solicitan datos sociodemográficos tales como: nombre, edad, estado civil, ingreso familiar, sexo, escolaridad, edad y droga de inicio de uso de sustancias adictivas, religión, entre otros. Y en la última parte, se presentan las preguntas del instrumento propiamente dicho.

Para responder el DROYFAR, los participantes deben leer las instrucciones del cuadernillo y rellenar con lápiz en la hoja óptica, el óvalo que indique la opción más cercana a su situación. En un primer momento, los participantes responden la parte relacionada con sus datos sociodemográficos. Posteriormente, se responden las preguntas que constituyen las categorías a evaluar por el instrumento.

El DROYFAR puede aplicarse en forma individual o colectiva. En este último caso, es prudente la presencia de una persona capacitada, cuya función es apoyar a los participantes en el llenado de la hoja óptica de respuestas del instrumento, así como resolver cualquier situación relacionada con los conceptos a los que se hace referencia en las preguntas. Cabe aclarar que durante las instrucciones es importante indicar a los estudiantes que los resultados no tienen influencia alguna sobre su permanencia en la institución educativa o sobre la calificación de alguna asignatura.

5.3 Forma de calificación

Las respuestas son dicotómicas: Sí o No. Se asigna 1 a cada respuesta positiva y 0 a cada negativa; la suma se divide entre el número de preguntas de cada factor. Las calificaciones mayores implican mayor problemática en cada factor, salvo en algunas respuestas que deben ser invertidas como en el caso de los problemas de rendimiento académico y falta de protección religiosa.

Los resultados individuales se presentan en una gráfica, a fin de poder apreciar visualmente los factores a los cuales es necesario prestar atención.

5.3.1 Tipos de evaluación

El DROYFAR permite obtener información vinculada con el uso de alcohol y/o drogas en los adolescentes, y en conjunto con la aplicación del POSIT, y dependiendo de los objetivos solicitados, podrá presentar diferentes tipos de evaluación como las que a continuación se describen.

Valoración global del adolescente. Esta evaluación permitirá identificar en el adolescente, si existe la presencia de consumo tanto de alcohol y/o de alguna otra sustancia ilegal, el tipo de consumo, su frecuencia, la edad de inicio, así como las características sociodemográficas e información general del sujeto. Asimismo, dará una idea general del estado de consumo actual y de la presencia o ausencia de dos factores de riesgo/protección como son los problemas de rendimiento académico y la falta de protección religiosa. Esta valoración global podrá enriquecerse con la aplicación conjunta del POSIT, lo cual permitirá identificar la presencia de otras áreas de riesgo, como pueden ser problemas de salud mental, relaciones con amigos, conducta agresiva y problemas familiares. El objetivo de esta primera evaluación es identificar la existencia o, en su defecto descartarla, del uso de sustancias psicoactivas y la presencia de los factores de riesgo, en un nivel de valoración cuantitativa, explorando de forma general cuáles podrán tener mayor presencia.

Para dicha evaluación se obtendrá una gráfica con los puntajes del sujeto en cada una de las categorías reportadas, y la ubicación de los mismos en comparación con el resultado más alto y más bajo del grupo a quien se aplicó el DROYFAR.

A continuación se presenta un ejemplo de Gráfica de resultados individuales.

TAMIZAJE DE PROBLEMAS EN ESTUDIANTES UNIVERSITARIOS

NOMBRE:		SEXO: XXXX	EDAD: XXXX
	FECHA XXXX	FOLIO: XXXX	CÓDIGO: XXXX

RESULTADOS

VARIABLES	CLAVE (PREGS.)	Puntaje General Más Bajo	Puntaje del Sustentante	Puntaje General Más Alto
01-Problemas de Uso/Abuso de Sustancias	PUA (17)	38.21	100.00	100.00
02-Problemas en Salud Mental	PSM (16)	21.10	58.94	100.00
03- Problemas en Relaciones Familiares	PRF (10)	25.49	64.31	100.00
04-Problemas en Relaciones con Amigos	PRA (7)	22.90	56.56	100.00
05-Problemas en Nivel Educativo	PNE (16)	18.99	55.11	100.00
06-Problemas de Conducta Agresiva	PCA (14)	18.35	73.23	100.00
07-Sintomatología	SIN (18)	17.77	77.73	100.00
08-Problemas de Consumo	PC (7)	21.92	65.99	83.62
09-Información Sobre Efectos	ISE (6)	20.47	74.75	85.60
10-Problemas de Dependencia	PD (6)	31.88	83.33	100.00
11-Problemas de Rendimiento Académico	PRA (3)	7.67	7.67	88.27
12-Falta de Protección Religiosa	FPR (3)	17.88	58.98	79.53

Gráfica de resultados individuales

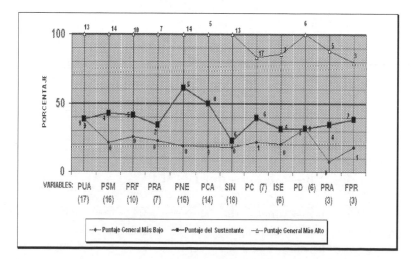

Evaluación cualitativa de la relación de los factores de riesgo con el consumo de sustancias. Este segundo tipo de análisis, se aplica en aquellos casos cuya primera valoración detecte puntajes que muestren problemas de uso de alcohol y/o drogas, y se requiera profundizar más en el análisis de la relación que este consumo puede tener con los diversos factores de riesgo del instrumento. Para ello, se analiza de forma detallada cada ítem respondido en las categorías, logrando identificar no solo el tipo de consumo principal, sino también la coexistencia de otras sustancias consumidas y el nivel de riesgo que existe en cada categoría y al interior de estas, así como aquellos factores que juegan un papel importante para el desarrollo y mantenimiento del consumo mismo.

Esta evaluación, integrará la valoración cuantitativa de los puntajes del sujeto en una evaluación cualitativa detallada, que permita señalar las áreas de mayor riesgo en el sujeto vinculadas al consumo, y estará dirigida a obtener información más precisa para orientar una probable intervención preventiva o terapéutica.

Por lo anterior, se considera que dependiendo del objetivo de la evaluación se opte por cualquiera de las formas de análisis del instrumento, tomando en cuenta que para una valoración más completa y detallada es necesaria una interpretación cualitativa y cuantitativa. Si el DROYFAR se aplica en forma masiva, por cuestión práctica se recomienda la interpretación cuantitativa. En este caso la intervención más adecuada es de tipo preventiva en su modalidad selectiva o indicada. Si se aplica a grupos pequeños o de manera individual, se sugiere la interpretación cualitativa, que permite una intervención preventiva de tipo indicada y la posible intervención terapéutica, porque nos da un diagnóstico más preciso.

Desde el punto de vista cuantitativo, se realiza una comparación estadística entre los diversos factores evaluados y los parámetros obtenidos de los alumnos participantes. Asimismo, esta ponderación permite ubicar a una persona gráficamente en comparación con un grupo.

El análisis cualitativo de todos los factores, incluyendo los sociodemográficos, ayuda a realizar un diagnóstico individual sobre los problemas que pueden estar afectando al sujeto.

5.4 Análisis del DROYFAR y su desarrollo

5.4.1 Ventajas y limitaciones del POSIT

El POSIT es un instrumento diseñado en 1991 por el Instituto Nacional sobre el Abuso de Drogas (NIDA) de los Estados Unidos de Norteamérica, que ha sido confiabilizado, validado y estandarizado en México en 1998 por

Mariño et al., del Instituto Nacional de Psiquiatría. A partir de entonces, ha sido aplicado con éxito en México por diversas instituciones de salud y educación, como complemento de la Encuesta Nacional de Adicciones. Dicho inventario, aunque valioso, deja fuera algunos aspectos que considero relevantes para realizar un mejor diagnóstico:

- Las preguntas del POSIT tienden a ser indirectas, por lo que no indica el tipo de droga usada.
- Si no indica el tipo de droga específico de uso/abuso, surge la necesidad de obtener esa información, sin provocar rechazo, omisión o mentira. De ahí la importancia del factor *sintomatología,* que sí identifica el DROYFAR.
- No proporciona información sobre la frecuencia y tiempo de uso de las drogas.
- Deja fuera la edad de inicio del consumo, que es un dato importante para el diagnóstico.
- El tabaco no está incluido como droga.
- No obtiene información sobre el grado de conocimientos que el joven tiene sobre las drogas, sus efectos y consecuencias de su uso, por lo que no permite valorar la percepción de riesgo de uso de drogas.
- La información del nivel educativo no es precisa en cuanto a la situación académica del estudiante, con relación a la aprobación o reprobación de materias.
- No se evalúa un factor de protección, como la práctica de alguna religión.
- Se omiten aspectos demográficos importantes para un diagnóstico más certero, tales como: el ingreso familiar, el lugar de origen, con quién vive el sujeto, la droga de inicio y si viven los padres. Estos aspectos están incluidos en el DROYFAR.

Por otra parte, el POSIT, al no indicar el tipo de drogas específico de uso/abuso, omite una información importante para definir qué intervención se realizará, de acuerdo a la problemática presentada. En cambio con el DROYFAR, esta información puede obtenerse de manera directa e indirecta. En el primer caso, se hacen preguntas como: ¿Actualmente consumes drogas?, ¿Qué tipo de drogas consumes? y/o ¿Has tomado, por ocasión, más de cinco copas de alguna bebida alcohólica? Estos interrogantes pueden provocar rechazo por parte de los alumnos y, por tanto, omitir la respuesta. Por lo cual se incluyen también, de manera indirecta, preguntas sobre la presencia de signos y síntomas que producen el consumo, el abuso y la intoxicación por sustancias.

5.4.2 Diseño de las preguntas del DROYFAR

A partir de las consideraciones previas, unas preguntas del DROYFAR se fundamentaron en tres cuestionarios de la Organización Internacional de Alcohólicos Anónimos, cada uno para población objetivo diferente (jóvenes, adultos varones y mujeres). Las preguntas pretenden identificar si las personas tienen problemas con su manera de beber o si son alcohólicas (A. A., 1953).

Otras fueron elaboradas con el objeto de buscar precisión en algunos factores como la percepción de riesgo que tienen los jóvenes sobre las drogas; la situación educativa por la que están pasando en ese momento; así como el lugar que ocupa en sus vidas la práctica religiosa, por ser considerados como factores de riesgo.

Y otras preguntas más, son las que permiten saber de manera indirecta, por medio de algunos síntomas característicos, el tipo de droga consumida. Para este último propósito se tomó como base la sintomatología que causan los efectos del consumo de drogas, señalados por el DSM-IV.

5.4.3 Importancia de la información obtenida por el DROYFAR

¿En qué radica la importancia de la información citada y qué implicaciones tiene para poder realizar una propuesta de intervención? Saber qué tipo de droga utilizan los consumidores orienta sobre las posibles implicaciones legales e ilegales en las cuales pudieran estar involucrados. Si se trata de un joven que esté consumiendo drogas legales como el alcohol y el tabaco y tiene 18 años o más, es lógico que por lo general y en principio, no se relacione con grupos de riesgo delictivo, ya que el consumo de dichas sustancias denota una mayor aceptación social.

Lo contrario sería si se registra que consume drogas de tipo ilegal como la mariguana, la cocaína y la heroína; entonces, probablemente el consumidor se asocie con grupos que presentan alto riesgo delictivo y problemas con la justicia, así como menor aceptación social. Dependiendo de la frecuencia de consumo, podrá tener mayores problemas de salud, sobre todo con la cocaína, la heroína, las metanfetaminas, etc. El tiempo y la frecuencia de uso de las sustancias, representan información muy valiosa, en tanto que indican riesgo de abuso y dependencia hacia las mismas y, por ende, un incremento en la probabilidad de afectar diversas áreas de la vida de los jóvenes como son la salud, la educación y las relaciones sociales. Además, este patrón de consumo está relacionado con el alto índice de accidentes automovilísticos entre los adolescentes.

En la actualidad, diversos estudios muestran que la percepción de riesgo por parte de los jóvenes respecto al consumo de drogas, ha disminuido (Medina-Mora, M. E., Peña-Corona, M. P., Cravioto, P., Villatoro, J. & Kuri, P., 2002; Rojas-Guiot, E., Fleiz-Bautista, C., Medina-Mora, M. E., Morón, M. A. & Domenech-Rodríguez, M., 1999; SSA, 2001). Por una parte, existe un gran desconocimiento y, por otra, una señalada distorsión sobre los efectos y consecuencias del consumo de drogas. Esto influye en gran medida para determinar el nivel de percepción de riesgo y la probabilidad de consumir o no determinadas drogas. El DROYFAR puede ayudarnos a valorar esta situación.

Un aspecto relacionado con el consumo es la afectación en el rendimiento académico reportado por el uso de drogas. Algunos estudios (Elizondo, 1998; Medina-Mora et al., 1993; Castillo-Franco et al., 2002) han señalado una relación importante en cuanto al bajo rendimiento académico y el consumo de drogas, debido principalmente, al desinterés y al síndrome de carencia de motivación provocado por el abuso de sustancias, incluyendo el tabaco. Se insiste, que el índice y la frecuencia de reprobación de asignaturas entre los jóvenes, puede indicar un factor de riesgo de uso/abuso de drogas.

Las familias disfuncionales han sido caracterizadas como un factor de riesgo para el uso de drogas entre sus miembros, en la medida en que se viven situaciones de mayor inseguridad e incertidumbre, tanto en el ámbito afectivo, como en el económico y el social. Igualmente una familia funcional, con adecuado sistema de comunicación, estabilidad entre la pareja parental y disponibilidad de atención entre sus miembros, constituye un factor de protección determinante para la disminución probabilística del consumo desadaptativo de drogas. Un aspecto importante es el control familiar; es decir, el grado en el cual el joven se encuentra inserto dentro de una familia o, por el contrario, vive solo. De ahí la necesidad de conocer estos aspectos demográficos contemplados en el DROYFAR.

Diversos estudios (Castillo-Franco et al., 2002; SSA, 2002; CIJ, 1997) han señalado que, mientras más temprana sea la edad de inicio de consumo de drogas, incluyendo el alcohol y el tabaco, existe un mayor riesgo de consumo de otras drogas ilegales y un probable consumo abusivo o dependiente de las mismas. En cuanto a incluir el tabaco en nuestro registro de drogas usadas por los jóvenes, cabe señalar que es la segunda droga de inicio, después del alcohol, reportada entre las personas farmacodependientes (CIJ, 1997; SSA, 2002), además de que, en sí misma, es una droga de potente poder adictivo: ocupa los primeros sitios entre las adicciones en el ámbito nacional e internacional (Medina-Mora et al., 2002).

El potencial adictivo del tabaco, según informó el Dr. Juan Ramón de la Fuente, Ex Secretario de Salud de México, es de un 32%, mientras que el riesgo para hacerse adicto a la mariguana es del 9%, a las anfetaminas del 11%, al alcohol del 15% y a la cocaína del 17%. Es decir, el tabaco es más susceptible de producir adicción, que muchas otras drogas ilegales señaladas como más dañinas (De la Fuente, 2013).

Con base en todo lo anterior, el DROYFAR considera, en primer plano, dos categorías globales: una estrictamente relacionada con el uso de drogas y otra con los principales factores de riesgo asociados a las adicciones. La primera categoría mide la identificación precisa del tipo de drogas, la frecuencia de su uso, la edad de inicio y la cantidad, así como los síntomas del uso, abuso e intoxicación por las drogas. La segunda categoría mide el rendimiento escolar deficiente y la falta de práctica de alguna religión, considerados factores de riesgo, que es necesario identificar para poder instrumentar una acción específica de intervención, tanto de prevención como de tratamiento.

ANEXO I

Método

Antes de abordar las características psicométricas del DROYFAR, describiremos brevemente el método seguido y las características demográficas de las muestras empleadas para determinar la confiabilidad y la validez del instrumento.

El DROYFAR se ha aplicado a partir del año 2005 tanto en bachilleratos como en licenciaturas, en universidades públicas y privadas. Para los efectos del análisis de sus características psicométricas solo se incluyen aquí los resultados de ese año 2005. No obstante cabe señalar que los resultados obtenidos posteriormente, han mantenido similitud con la primera aplicación. En las aplicaciones se siguió el proceso descrito en el capítulo 5 de este manual.

Muestras

Nivel Medio Superior (Bachillerato).

La muestra fue de 2,461 jóvenes estudiantes de primer ingreso del Nivel Medio Superior, de la Universidad Autónoma del Estado de Morelos (UAEM), de 5 municipios del estado de Morelos: Cuernavaca, la capital, en sus tres turnos (matutino, vespertino y nocturno); Cuautla, en sus dos turnos (matutino y vespertino); y de la región sur, Jojutla, Tlaltizapán, y Puente de Ixtla. Fueron 1,304 mujeres (52%) y 1,156 varones (48%). Las edades predominantes fueron 15 y 16 años, con un 85.5% del total de los encuestados.

Nivel Superior (Licenciatura).

La muestra fue de 1,654 jóvenes estudiantes de primer ingreso del Nivel Superior (Licenciatura), de la Universidad Autónoma del Estado de Morelos (UAEM). Fueron 963 mujeres (58%) y 691 varones (42%). Las edades predominantes fueron 18, 19 y 20 años, con un 83% del total de los encuestados.

Baremos o normas

En virtud de haberse encontrado diferencias significativas entre las puntuaciones de la variable *sexo,* así como la referente a la *edad*, en algunos factores se decidió obtener baremos tomando en consideración ambas variables. Este punto se ampliará en el apartado sobre validez de este anexo. Las tablas respectivas se incluyen a continuación. El número de casos varía ligeramente pues no todos los participantes respondieron a todas las preguntas.

Tabla 1. Baremos correspondientes a las mujeres del Nivel Medio Superior.

	Sintomatología		Problemas de consumo		Información deficiente		Problemas de rendimiento académico		Falta de protección religiosa	
	15 años	16 años o más	15 años	16 años o más	15 años	16 años o más	15 años	16 años o más	15 años	16 años o más
N Válidos	977	260	985	260	966	253	982	262	983	261
N Perdidos	19	4	11	4	30	11	14	2	13	3
Media	0.293	0.305	0.136	0.210	0.347	0.348	0.109	0.244	0.403	0.435
Mediana	0.286	0.238	0.000	0.143	0.375	0.375	0.000	0.143	0.500	0.500
Percentiles										
10	0.048	0.048	0.000	0.000	0.000	0.000	0.000	0.000	0.000	0.000
20	0.095	0.095	0.000	0.000	0.125	0.125	0.000	0.000	0.250	0.250
25	0.143	0.143	0.000	0.000	0.125	0.125	0.000	0.000	0.250	0.250
30	0.143	0.143	0.000	0.000	0.250	0.250	0.000	0.143	0.250	0.250
40	0.191	0.191	0.000	0.000	0.250	0.250	0.000	0.143	0.250	0.450
50	0.286	0.238	0.000	0.143	0.375	0.375	0.000	0.143	0.500	0.500
60	0.333	0.333	0.143	0.143	0.375	0.375	0.143	0.286	0.500	0.500
70	0.381	0.429	0.143	0.286	0.500	0.500	0.143	0.429	0.500	0.500
75	0.429	0.476	0.143	0.429	0.500	0.500	0.143	0.429	0.500	0.500
80	0.476	0.524	0.286	0.429	0.625	0.625	0.286	0.429	0.500	0.750
90	0.571	0.619	0.429	0.571	0.625	0.625	0.286	0.571	0.750	0.750

Tabla 2. Baremos correspondientes a las mujeres del Nivel Superior.

	Sintomatología		Problemas de consumo		Información deficiente		Problemas de rendimiento académico		Falta de protección religiosa	
	18 años	19 años o más	18 años	19 años o más	18 años	19 años o más	18 años	19 años o más	18 años	19 años o más
N Válidos	497	450	500	452	488	440	496	453	500	456
N Perdidos	4	7	1	5	13	17	5	4	1	1
Media	0.240	0.237	0.213	0.267	0.494	0.498	0.152	0.271	0.379	0.415
Mediana	0.211	0.211	0.143	0.143	0.500	0.500	0.143	0.286	0.333	0.333
Percentiles										
10	0.053	0.053	0.000	0.000	0.125	0.138	0.000	0.000	0.000	0.000
20	0.105	0.105	0.000	0.000	0.250	0.250	0.000	0.143	0.000	0.000
25	0.105	0.105	0.000	0.000	0.375	0.375	0.000	0.143	0.000	0.000
30	0.105	0.105	0.000	0.000	0.375	0.375	0.000	0.143	0.000	0.000
40	0.158	0.158	0.143	0.143	0.500	0.500	0.000	0.143	0.333	0.333
50	0.211	0.211	0.143	0.143	0.500	0.500	0.143	0.286	0.333	0.333
60	0.263	0.263	0.143	0.286	0.625	0.625	0.143	0.286	0.333	0.333
70	0.316	0.316	0.286	0.429	0.625	0.625	0.286	0.429	0.667	0.667
75	0.368	0.316	0.286	0.429	0.625	0.625	0.286	0.429	0.667	0.667
80	0.421	0.368	0.429	0.571	0.625	0.750	0.286	0.429	0.667	0.667
90	0.526	0.521	0.571	0.714	0.750	0.750	0.429	0.571	1.000	1.000

Tabla 3. Baremos correspondientes a los hombres del Nivel Medio Superior.

	Sintomatología		Problemas de consumo		Información deficiente		Problemas de rendimiento académico		Falta de protección religiosa	
	15 años	16 años o más	15 años	16 años o más	15 años	16 años o más	15 años	16 años o más	15 años	16 años o más
N Válidos	761	368	764	372	751	370	763	367	763	372
N Perdidos	17	9	14	5	27	7	15	10	15	5
Media	0.234	0.237	0.135	0.253	0.277	0.281	0.154	0.313	0.460	0.479
Mediana	0.191	0.191	0.000	0.143	0.250	0.250	0.143	0.286	0.500	0.500
Percentiles										
10	0.000	0.000	0.000	0.000	0.000	0.000	0.000	0.000	0.250	0.250
20	0.048	0.048	0.000	0.000	0.000	0.000	0.000	0.143	0.250	0.250
25	0.095	0.048	0.000	0.000	0.125	0.125	0.000	0.143	0.250	0.250
30	0.095	0.095	0.000	0.000	0.125	0.125	0.000	0.143	0.250	0.250
40	0.143	0.143	0.000	0.143	0.125	0.125	0.000	0.286	0.500	0.500
50	0.191	0.191	0.000	0.143	0.250	0.250	0.143	0.286	0.500	0.500
60	0.238	0.238	0.143	0.286	0.375	0.375	0.143	0.286	0.500	0.500
70	0.333	0.333	0.143	0.429	0.375	0.375	0.286	0.429	0.500	0.750
75	0.381	0.381	0.286	0.429	0.500	0.500	0.286	0.429	0.750	0.750
80	0.429	0.429	0.286	0.571	0.500	0.500	0.286	0.429	0.750	0.750
90	0.524	0.524	0.429	0.714	0.625	0.625	0.429	0.571	0.750	0.750

Tabla 4. Baremos correspondientes a los hombres del Nivel Superior.

	Sintomatología		Problemas de consumo		Información deficiente		Problemas de rendimiento académico		Falta de protección religiosa	
	18 años	19 años o más	18 años	19 años o más	18 años	19 años o más	18 años	19 años o más	18 años	19 años o más
N Válidos	270	409	271	411	263	396	270	406	272	413
N Perdidos	3	4	2	2	10	17	3	7	1	0
Media	0.244	0.216	0.333	0.427	0.476	0.487	0.229	0.374	0.467	0.565
Mediana	0.211	0.158	0.286	0.429	0.500	0.500	0.286	0.429	0.333	0.667
Percentiles										
10	0.053	0.000	0.000	0.000	0.125	0.125	0.000	0.143	0.000	0.000
20	0.063	0.053	0.000	0.143	0.250	0.250	0.000	0.143	0.333	0.333
25	0.105	0.053	0.143	0.143	0.250	0.375	0.000	0.143	0.333	0.333
30	0.105	0.105	0.143	0.286	0.375	0.375	0.143	0.286	0.333	0.333
40	0.158	0.158	0.143	0.286	0.375	0.475	0.143	0.286	0.333	0.333
50	0.211	0.158	0.286	0.429	0.500	0.500	0.286	0.429	0.333	0.667
60	0.263	0.211	0.429	0.571	0.500	0.625	0.286	0.429	0.667	0.667
70	0.316	0.263	0.429	0.571	0.625	0.625	0.286	0.429	0.667	1.000
75	0.368	0.316	0.571	0.714	0.625	0.625	0.286	0.429	0.667	1.000
80	0.421	0.368	0.571	0.714	0.750	0.750	0.429	0.571	0.667	1.000
90	0.474	0.474	0.714	0.857	0.750	0.750	0.429	0.714	1.000	1.000

Confiabilidad

Para determinar parte de la valía de un instrumento de medición es necesario calcular su coeficiente de confiabilidad. Existen varios métodos para determinar el índice respectivo de un inventario psicológico. Uno de ellos es el denominado alfa de Cronbach (Magnusson, 1969). Este procedimiento se utiliza cuando el instrumento psicológico tiene varios reactivos que pretenden medir el mismo fenómeno. Como cada uno de ellos cuenta con una ponderación numérica, cada reactivo puede considerarse como un instrumento paralelo. La American Psychological Association, la American Educational Research Association y el National Council on Measurement in Education (1985), han establecido que la confiabilidad se refiere al grado en el cual las puntuaciones de un instrumento están libres de errores de medición.

Igualmente, el término *confiabilidad* indica la "exactitud de la medición, independientemente de que [se] esté realmente midiendo lo que se ha querido medir" (Magnusson, 1969); es decir, estima "la consistencia a lo largo de una serie de mediciones" (Cronbach, 1960) o, dicho de otra manera "La confiabilidad de una prueba es la consistencia de las puntuaciones obtenidas por las mismas personas cuando se les aplica la misma prueba..." (Anastasi & Urbina, 1998).

En el caso presente, se determinó la confiabilidad de cada uno de los factores medidos por el DROYFAR, tanto en el Nivel Medio Superior (Bachillerato) como en el Superior (Licenciatura), mediante el índice alfa de Cronbach. Los resultados aparecen en las tablas 5 y 6.

**Tabla 5. Índices de confiabilidad (alfa) del DROYFAR.
Nivel Medio Superior (Bachillerato). Morelos, 2005.**

FACTOR	ALFA
Sintomatología	.84
Problemas de consumo	.74
Información deficiente	.69
Problemas de rendimiento académico	.59
Falta de protección religiosa	.57

**Tabla 6. Índices de confiabilidad (alfa) del DROYFAR.
Nivel Superior (Licenciatura). Morelos, 2005.**

FACTOR	ALFA
Sintomatología	.79
Problemas de consumo	.76
Información deficiente	.66
Problemas de rendimiento académico	.54
Falta de protección religiosa	.69

Es preciso aclarar un punto importante: a fin de evitar la redundancia, la confiabilidad se calculó respecto a las muestras señaladas, mientras los factores y los pesos respectivos se obtuvieron de otra muestra, como se describirá en el apartado siguiente.

Validez

Todo instrumento, además de contar con un grado aceptable de confiabilidad, debe tener validez. Este término se refiere a: "qué mide (un instrumento) y al grado en que lo mide" (Anastasi, 1961), así mismo "la validez resulta elevada si un test mide la cosa correcta, es decir,

si proporciona la información requerida por el tomador de decisiones"
(Cronbach, 1960).

Para la American Psychological Association et al. (1985), este
concepto se relaciona con la propiedad, el significado y la utilidad de las
inferencias específicas formuladas a partir de las puntuaciones obtenidas
en el instrumento. Por tanto, esta característica de un instrumento podría
definirse como "la exactitud con que pueden hacerse medidas significativas
y adecuadas con él, en el sentido que midan realmente los rasgos que
pretenden medir" (Magnusson, 1969). Al respecto, Anastasi & Urbina
(1998) se refieren a la validez como una comprobación directa de qué tan
bien cumple una prueba su función.

Al igual que en el caso de la confiabilidad, se han diseñado diferentes
métodos para estimar la validez de un instrumento. Uno de ellos es la
validez de construcción. Bajo este método es necesario realizar "un análisis
del significado de las puntuaciones del test en términos de conceptos
psicológicos" (Cronbach, 1960). Dicho de otro modo, se requiere mostrar
"que las consecuencias que pueden predecirse sobre la base de la teoría
con respecto a los datos pueden, en lo fundamental, confirmarse por una
serie de pruebas" (Magnusson, 1969). Para la American Psychological
Association et al. (1985), en este caso, el constructo de interés debe estar
integrado dentro de un marco teórico "sin importar cuán imperfecto pueda
ser". Además, dicho marco conceptual debe especificar el significado del
constructo, distinguirlo de otros e indicar la manera en la cual debería
relacionarse con otras variables.

En el presente trabajo, los constructos de interés son los cinco
mencionados en el capítulos 5: *Sintomatología por uso de drogas;
Problemas de consumo. Uso/abuso de drogas; Información deficiente
sobre efectos y daños; Problemas de rendimiento académico; y Falta de
protección religiosa.*

En un primer paso para la determinación de la validez de construcción,
empleando muestras independientes, se efectuó un análisis factorial
exploratorio a fin de determinar la catalogación de los reactivos y su peso
dentro de cada factor.

Antes de mencionar los resultados, se describen las principales
características de las muestras empleadas para tal efecto. Posteriormente,
se compararon las medias aritméticas de los factores arriba mencionados
entre los estudiantes que declararon no consumir droga alguna, quienes
indicaron usar drogas lícitas (alcohol y/o tabaco) y quienes indicaron
emplear drogas ilícitas. Tal como se esperaba, los tres grupos dieron
medias aritméticas significativamente diferentes, en forma creciente, tal
como se muestra en las tablas 7 y 8, del Nivel Medio Superior y Superior,
respectivamente.

Tabla 7. Estadísticos descriptivos clasificados por no consumo y empleo de drogas lícitas e ilícitas.
Muestra de Nivel Medio Superior (Bachillerato). Morelos, 2005.

Variables	Tipo de sustancia	Media	Desviación estándar	N
Sintomatología	Sin consumo	0.2534	0.20208	1889
	Lícitas	0.3439	0.22055	356
	Ilícitas	0.3958	0.16561	16
	Total	0.2687	0.2077	2261
Problemas de consumo	Sin consumo	0.1079	0.17182	1889
	Lícitas	0.4362	0.24545	356
	Ilícitas	0.5714	0.29508	16
	Total	0.1629	0.224	2261
Información deficiente	Sin consumo	0.3049	0.23313	1889
	Lícitas	0.3715	0.23918	356
	Ilícitas	0.4219	0.1875	16
	Total	0.3162	0.23514	2261
Problemas de rendimiento académico	Sin consumo	0.1496	0.1849	1889
	Lícitas	0.2753	0.23148	356
	Ilícitas	0.3036	0.23255	16
	Total	0.1705	0.19889	2261
Falta de protección religiosa	Sin consumo	0.4318	0.24991	1889
	Lícitas	0.4572	0.24629	356
	Ilícitas	0.4844	0.2809	16
	Total	0.4362	0.24965	2261

Todas las diferencias denotaron $p < .001$.

Tabla 8. Estadísticos descriptivos clasificados por no consumo y empleo de drogas lícitas e ilícitas. Muestra de Nivel Superior (Licenciatura). Morelos, 2005.

Variables	Tipo de sustancia	Media	Desviación estándar	N
Sintomatología	Sin consumo	0.2109	0.17122	927
	Lícitas	0.2609	0.18343	684
	Ilícitas	0.3484	0.21539	21
	Total	0.2336	0.17911	1632
Problemas de consumo	Sin consumo	0.1495	0.1852	931
	Lícitas	0.4949	0.25507	689
	Ilícitas	0.6395	0.30845	21
	Total	0.3008	0.27966	1641
Información deficiente	Sin consumo	0.4614	0.24134	906
	Lícitas	0.5285	0.22277	667
	Ilícitas	0.5536	0.17487	21
	Total	0.4907	0.23529	1594
Problemas de rendimiento académico	Sin consumo	0.2129	0.19646	926
	Lícitas	0.3051	0.21159	684
	Ilícitas	0.3741	0.24107	21
	Total	0.2537	0.20885	1631
Falta de protección religiosa	Sin consumo	0.4004	0.34632	935
	Lícitas	0.5154	0.35811	692
	Ilícitas	0.6032	0.35931	21
	Total	0.4513	0.35620	1648

Todas las diferencias denotaron p < .001.

Como es fácil suponer, en todos los casos, las personas que declararon no consumir droga alguna dieron puntuaciones inferiores, mientras que quienes empleaban drogas ilícitas resultaron con promedios más elevados, estando los usuarios de alcohol y tabaco entre los dos grupos citados.

Es necesario aclarar un punto importante para efectos del diagnóstico: si una persona declaró no consumir drogas, pero arroja puntuaciones en *sintomatología*, probablemente está siendo afectada su salud mental. Igualmente, si se catalogó en el grupo de no consumidores y dio algún resultado en el factor *problemas de consumo* existe la posibilidad de haber mentido (quizá por temor o por vergüenza) al responder a las preguntas referentes al consumo y al tipo de droga. Por tanto, se hace necesaria una mayor fineza en el diagnóstico mediante los aspectos cualitativos, tratados en el capítulo 5. En ambos casos se recomienda una intervención con método cualitativo como puede ser una entrevista a profundidad o, bien, grupos focales.

Por otro lado, era de esperarse una mayor problemática en los factores del DROYFAR en dos variables: *sexo* y *edad*. En efecto, con base en los aspectos mencionados en el capítulo 5 sobre el desarrollo del DROYFAR, todas las investigaciones previas citadas anteriormente y llevadas a cabo por diversos autores han encontrado mayor consumo por parte de los hombres; igualmente, conforme se incrementa la edad el empleo se incrementa. Por ende, la variable *edad* se clasificó en cuatro grandes grupos (hasta 14 años, 15, 16 y 17 o más) y se corrió un análisis de la varianza con su correspondiente prueba post-hoc a fin de detectar las posibles diferencias entre dichas edades en el Nivel Medio Superior. Se encontraron diferencias significativas en tres de los factores del DROYFAR (*problemas de consumo, problemas de rendimiento académico* y *falta de protección religiosa*). Sin embargo, al analizar las pruebas post-hoc se encontraron las mayores diferencias entre las edades de 15 años y las de 16 o más. Por tanto, se decidió conjuntar las edades en solo dos categorías: hasta 15 años y 16 o más y correr un análisis de la varianza con los factores *sexo* y *edad*. Los resultados se muestran en la tabla 9, en donde puede verse que las diferencias entre las dos variables resultaron significativas.

Tabla 9. Estadísticos descriptivos clasificados por sexo y edad. Muestra de Nivel Medio Superior (Bachillerato). Morelos, 2005.

Factor	Sexo	Edad	Media	Desv. típ.	N
Sintomatología	Femenino	Hasta 15 años	0.2958	0.2047	942
		16 o más	0.3081	0.2217	242
	Masculino	Hasta 15 años	0.2350	0.2008	722
		16 o más	0.2374	0.2047	355
Problemas de consumo	Femenino	Hasta 15 años	0.1371	0.1957	942
		16 o más	0.2078	0.2596	242
	Masculino	Hasta 15 años	0.1379	0.2069	722
		16 o más	0.2515	0.2702	355
Información deficiente	Femenino	Hasta 15 años	0.3495	0.2355	942
		16 o más	0.3461	0.2332	242
	Masculino	Hasta 15 años	0.2787	0.2264	722
		16 o más	0.2838	0.2364	355
Problemas de rendimiento académico	Femenino	Hasta 15 años	0.1086	0.1632	942
		16 o más	0.2456	0.2199	242
	Masculino	Hasta 15 años	0.1549	0.1771	722
		16 o más	0.3123	0.2232	355
Falta de protección religiosa	Femenino	Hasta 15 años	0.4042	0.2446	942
		16 o más	0.4380	0.2562	242
	Masculino	Hasta 15 años	0.4581	0.2493	722
		16 o más	0.4789	0.2491	355

Respecto al Nivel Superior, se efectuó un análisis de la varianza con la variable *edad* agrupada en tres categorías: hasta 18 años, 19 a 20 y 21 o más. Para esta clasificación se tomó como base la distribución de porcentajes de dichas edades: hasta 18 años, 47%; de 19 y 20, 35%; y 21 o más, 18%. Los resultados indicaron que las diferencias significativas se presentaron a partir de los 18 años. Por ende, se decidió dividir la muestra en dos grandes categorías: hasta 18 años y 19 y más, con lo cual, en la primera se agrupó el 47% y en la segunda el 53%. Las medias aritméticas se muestran en la tabla 10.

Tabla 10. Estadísticos descriptivos clasificados por sexo y edad. Muestra de Nivel Superior (Licenciatura). Morelos, 2005.

Factor	Sexo	Edad	Media	Desv. típ.	N
Sintomatología	Femenino	Hasta 18 años	0.2398	0.1786	478
		19 o más años	0.2407	0.1818	429
	Masculino	Hasta 18 años	0.2445	0.1859	259
		19 o más años	0.2176	0.1740	389
Problemas de consumo	Femenino	Hasta 18 años	0.2149	0.2318	478
		19 o más años	0.2704	0.2713	429
	Masculino	Hasta 18 años	0.3370	0.2906	259
		19 o más años	0.4286	0.2937	389
Información deficiente	Femenino	Hasta 18 años	0.4945	0.2278	478
		19 o más años	0.5009	0.2252	429
	Masculino	Hasta 18 años	0.4792	0.2545	259
		19 o más años	0.4871	0.2435	389
Problemas de rendimiento académico	Femenino	Hasta 18 años	0.1521	0.1677	478
		19 o más años	0.2724	0.1970	429
	Masculino	Hasta 18 años	0.2261	0.1910	259
		19 o más años	0.3772	0.2144	389
Falta de protección religiosa	Femenino	Hasta 18 años	0.3801	0.3342	478
		19 o más años	0.4087	0.3621	429
	Masculino	Hasta 18 años	0.4595	0.3167	259
		19 o más años	0.5596	0.3734	389

Las diferencias significativas se presentaron entre los factores *problemas de consumo, falta de protección religiosa* y *problemas de rendimiento académico,* tanto desde el ángulo de la edad como del sexo.

Validez concurrente

Como afirma Martínez Arias (1996, p. 347): "... las correlaciones entre un nuevo test y un test previamente disponible y del que se dispone evidencia de validez, son frecuentemente citadas como prueba de la validez de un test nuevo"; por tanto, esta constituye una práctica muy común en el diseño de nuevos instrumentos.

En el caso presente, se trata de analizar la similitud entre un instrumento nuevo y otro previamente validado, para lo cual se eligió el POSIT. Los dos instrumentos se aplicaron al unísono a los mismos participantes, a fin de determinar las correlaciones.

El cuestionario POSIT fue elaborado por el National Institute on Drug Abuse (NIDA, 1991). Se aplicó la versión adaptada y validada (Mariño *et al.*, 1998) en el entonces Instituto Mexicano (hoy Nacional) de Psiquiatría. El objetivo del instrumento es "poder detectar oportunamente problemas específicos de los jóvenes que usan/abusan de las drogas" (Mariño *et al.*, 1998). El cuestionario consta de 81 reactivos con respuestas tipo dicotómico (sí y no) distribuidas y agrupadas en las siete categorías siguientes: *uso/abuso de drogas*, y las zonas de riesgo en las áreas: *relaciones con amigos, salud mental, relaciones familiares, nivel educativo, interés laboral y conducta agresiva/delictiva*. Estas áreas permiten identificar, si la respuesta es afirmativa, algunos problemas por los cuales puede pasar un joven. Para efectos de esta investigación se suprimió la categoría de *interés laboral*, pues los reactivos no son apropiados a nuestra cultura, por ende, dieron coeficientes de confiabilidad bajos (.40 y .49 en el Nivel Medio Superior y el Nivel Superior, respectivamente).

En las tablas 11 y 12 se incluyen los índices de confiabilidad alfa de este instrumento, obtenidos en el estado de Morelos entre los estudiantes de Nivel Medio Superior y Superior, respectivamente. Como puede verse, son adecuados y, por ende, la comparación entre ambos instrumentos es procedente.

Tabla 11. Índices de confiabilidad del POSIT.
Muestra de Nivel Medio Superior (Bachillerato). Morelos, 2005.

FACTORES DEL POSIT	ALFA
Problemas de uso/abuso de drogas	.79
Problemas de relaciones con amigos	.65
Problemas de salud mental	.82
Problemas de relaciones familiares	.74
Problemas de nivel educativo	.72
Problemas de conducta agresiva/delictiva	.69

Tabla 12. Índices de confiabilidad del POSIT.
Muestra de Nivel Superior (Licenciatura). Morelos, 2005.

FACTORES DEL POSIT	ALFA
Problemas de uso/ abuso de drogas	.81
Problemas de relaciones con amigos	.66
Problemas de salud mental	.77
Problemas de relaciones familiares	.71
Problemas de nivel educativo	.70
Problemas de conducta agresiva/delictiva	.68

En las tablas 13 y 14 se incluyen los índices de correlación entre los factores de ambos instrumentos (DROYFAR y POSIT). Ahí pueden verse las correlaciones significativas entre el factor *sintomatología* del DROYFAR con todos los factores del POSIT, como se esperaba. Destaca la asociación entre *sintomatología* y *problemas de salud mental* en ambas muestras, pues como antes se afirmó, si no hay consumo de drogas, el factor *sintomatología* puede ayudar en el diagnóstico de ese tipo de problemáticas. Igualmente, el factor *problemas de consumo* del DROYFAR se asocia significativamente a todos los problemas del POSIT. Los demás factores del DROYFAR, aunque también arrojaron correlaciones significativas (excepto *información deficiente*) con los factores del POSIT, desde el punto de vista estadístico, son menores en su ponderación.

Tabla 13. Correlaciones del DROYFAR con el POSIT.
Muestra de Nivel Medio Superior (Bachillerato). Morelos, 2005.

		Problemas de uso y abuso: POSIT	Problemas de interés laboral: POSIT	Problemas de relaciones con amigos: POSIT	Problemas de salud mental: POSIT	Problemas de relaciones familiares: POSIT	Problemas de nivel educativo: POSIT	Problemas de conducta agresiva: POSIT
Sintomatología: DROYFAR	Correlación de Pearson	.282(**)	-.012	.316(**)	.655(**)	.353(**)	.546(**)	.479(**)
	Sig. (bilateral)	.000	.575	.000	.000	.000	.000	.000
	N	2315	2348	2341	2319	2329	2303	2309
Problemas de consumo: DROYFAR	Correlación de Pearson	.536(**)	-.115(**)	.475(**)	.289(**)	.328(**)	.301(**)	.440(**)
	Sig. (bilateral)	.000	.000	.000	.000	.000	.000	.000
	N	2331	2364	2356	2335	2347	2320	2329
Información deficiente: DROYFAR	Correlación de Pearson	.120(**)	.034	.048(*)	.074(**)	-.036	.014	.075(**)
	Sig. (bilateral)	.000	.103	.021	.000	.081	.511	.000
	N	2296	2328	2315	2295	2313	2279	2290
Problemas de rendimiento académico: DROYFAR	Correlación de Pearson	.289(**)	-.099(**)	.308(**)	.210(**)	.229(**)	.319(**)	.309(**)
	Sig. (bilateral)	.000	.000	.000	.000	.000	.000	.000
	N	2329	2363	2355	2333	2344	2317	2326
Falta de protección religiosa: DROYFAR	Correlación de Pearson	.072(**)	-.012	.071(**)	.038	.137(**)	.076(**)	.069(**)
	Sig. (bilateral)	.000	.558	.001	.064	.000	.000	.001
	N	2327	2363	2353	2332	2346	2318	2324

** La correlación es significativa al nivel 0,01 (bilateral).

* La correlación es significante al nivel 0,05 (bilateral).

Tabla 14. Correlaciones del DROYFAR con el POSIT.
Muestra de Nivel Superior (Licenciatura). Morelos, 2005.

		Problemas de uso y abuso: POSIT	Problemas de interés laboral: POSIT	Problemas de relaciones con amigos: POSIT	Problemas de salud mental: POSIT	Problemas de relaciones familiares: POSIT	Problemas de nivel educativo: POSIT	Problemas de conducta agresiva: POSIT
Sintomatología: DROYFAR	Correlación de Pearson	.306(**)	.037	.318(**)	.625(**)	.344(**)	.510(**)	.448(**)
	Sig. (bilateral)	.000	.137	.000	.000	.000	.000	.000
	N	1594	1622	1612	1611	1604	1612	1606
Problemas de consumo: DROYFAR	Correlación de Pearson	.546(**)	-.030	.440(**)	.179(**)	.235(**)	.233(**)	.431(**)
	Sig. (bilateral)	.000	.223	.000	.000	.000	.000	.000
	N	1602	1630	1618	1619	1611	1619	1614
Información deficiente: DROYFAR	Correlación de Pearson	.143(**)	-.043	.108(**)	.037	.001	.037	.095(**)
	Sig. (bilateral)	.000	.085	.000	.143	.969	.136	.000
	N	1586	1611	1602	1600	1595	1602	1596
Problemas de rendimiento. académico: DROYFAR	Correlación de Pearson	.252(**)	.053(*)	.259(**)	.218(**)	.195(**)	.281(**)	.297(**)
	Sig. (bilateral)	.000	.032	.000	.000	.000	.000	.000
	N	1607	1634	1623	1622	1616	1623	1618
Falta de protección religiosa: DROYFAR	Correlación de Pearson	.196(**)	-.026	.158(**)	.079(**)	.220(**)	.121(**)	.178(**)
	Sig. (bilateral)	.000	.294	.000	.001	.000	.000	.000
	N	1608	1637	1625	1625	1618	1625	1621

* La correlación es significante al nivel 0,05 (bilateral).
** La correlación es significativa al nivel 0,01 (bilateral).

ANEXO II

TAMIZAJE DE PROBLEMAS

INSTRUCTIVO

INSTRUCTIVO DEL DROYFAR

INSTRUCCIONES GENERALES PARA EL LLENADO DE LA HOJA DE RESPUESTAS

- Por ningún motivo doble, arrugue o maltrate la hoja de respuestas.

- Se sugiere que las respuestas del cuestionario sean contestadas con lápiz del número 2 o 2½ suave.

- No deberán rellenarse dos opciones de respuesta para una misma pregunta, en tal caso, quedará anulada la respuesta.

- Llene por completo el óvalo de la opción de respuesta elegida, sin rebasar sus límites.

- Si comete un error al responder, borre perfectamente sin maltratar, ni manchar, la hoja de respuestas.

- Al terminar de contestar, firme la hoja de respuestas.

EJEMPLO DE LLENADO DE LA HOJA DE RESPUESTAS

NOMBRE

Anote el nombre en los espacios destinados, ocupando una casilla por cada letra, iniciando con el apellido paterno, apellido materno y nombre(s); dejando un espacio libre entre cada apellido y nombre(s), como se muestra.

Localice el óvalo de la letra que anotó de su nombre en la misma dirección, debajo de cada una de las letras y de manera vertical, y rellénelo.

J	U	A	R	E	Z		G	A	R	C	I	A		H	U	G	O		
A	A	■	A	A	A	A	A	■	A	A	A	■	A	A	A	A	A	A	A
B	B	B	B	B	B	B	B	B	B	B	B	B	B	B	B	B	B	B	B
C	C	C	C	C	C	C	C	C	C	■	C	C	C	C	C	C	C	C	C
D	D	D	D	D	D	D	D	D	D	D	D	D	D	D	D	D	D	D	D
E	E	E	E	■	E	E	E	E	E	E	E	E	E	E	E	E	E	E	E
F	F	F	F	F	F	F	F	F	F	F	F	F	F	F	F	F	F	F	F
G	G	G	G	G	G	G	■	G	G	G	G	G	G	G	G	■	G	G	G
H	H	H	H	H	H	H	H	H	H	H	H	H	H	■	H	H	H	H	H
I	I	I	I	I	I	I	I	I	I	I	■	I	I	I	I	I	I	I	I
■	J	J	J	J	J	J	J	J	J	J	J	J	J	J	J	J	J	J	J
K	K	K	K	K	K	K	K	K	K	K	K	K	K	K	K	K	K	K	K
L	L	L	L	L	L	L	L	L	L	L	L	L	L	L	L	L	L	L	L
M	M	M	M	M	M	M	M	M	M	M	M	M	M	M	M	M	M	M	M
N	N	N	N	N	N	N	N	N	N	N	N	N	N	N	N	N	N	N	N
Ñ	Ñ	Ñ	Ñ	Ñ	Ñ	Ñ	Ñ	Ñ	Ñ	Ñ	Ñ	Ñ	Ñ	Ñ	Ñ	Ñ	Ñ	Ñ	Ñ
O	O	O	O	O	O	O	O	O	O	O	O	O	O	O	O	O	■	O	O
P	P	P	P	P	P	P	P	P	P	P	P	P	P	P	P	P	P	P	P
Q	Q	Q	Q	Q	Q	Q	Q	Q	Q	Q	Q	Q	Q	Q	Q	Q	Q	Q	Q
R	R	R	■	R	R	R	R	R	■	R	R	R	R	R	R	R	R	R	R
S	S	S	S	S	S	S	S	S	S	S	S	S	S	S	S	S	S	S	S
T	T	T	T	T	T	T	T	T	T	T	T	T	T	T	T	T	T	T	T
U	■	U	U	U	U	U	U	U	U	U	U	U	U	U	■	U	U	U	U
V	V	V	V	V	V	V	V	V	V	V	V	V	V	V	V	V	V	V	V
W	W	W	W	W	W	W	W	W	W	W	W	W	W	W	W	W	W	W	W
X	X	X	X	X	X	X	X	X	X	X	X	X	X	X	X	X	X	X	X
Y	Y	Y	Y	Y	Y	Y	Y	Y	Y	Y	Y	Y	Y	Y	Y	Y	Y	Y	Y
Z	Z	Z	Z	Z	■	Z	Z	Z	Z	Z	Z	Z	Z	Z	Z	Z	Z	Z	Z

EDAD

Coloque su edad (años cumplidos) en los espacios designados, después rellene los óvalos correspondientes, como puede ver en el ejemplo.

Edad	
2	1
	0
1	■
■	2
3	3
4	4
5	5
6	6
7	7
8	8
9	9

ESTADO CIVIL

Elija solo una de las opciones del recuadro. Coloque el código en el espacio correspondiente y rellene de acuerdo a la opción elegida.

Código	Estado Civil
1	Soltero
2	Casado
3	Separado
4	Divorciado
5	Unión libre
6	Viudo(a)

Estado Civil
1
■
2
3
4
5
6

INGRESO FAMILIAR

De acuerdo con el ingreso económico mensual total de su familia, seleccione el código y rellene los óvalos correspondientes, de acuerdo a la siguiente tabla:

Código	Ingreso
01	$1001 a $2000
02	$2001 a $3000
03	$3001 a $4000
04	$4001 a $5000
05	$5001 a $6000
06	$6001 a $7000
07	$7001 a $8000
08	$8001 a $9000
09	$9001 a $10,000
10	$10001 a más

Ingreso Familiar	
0	2
■	0
1	1
2	■
3	3
4	4
5	5
6	6
7	7
8	8
9	9

LUGAR DE ORIGEN

Rellene los óvalos correspondientes, de acuerdo al código del lugar donde nació:

Lugar de origen	
1	8
0	0
■	1
2	2
3	3
4	4
5	5
6	6
7	7
8	■
9	9

Código	Estado	Código	Estado
01	Aguascalientes	21	Oaxaca
02	Baja California Norte	22	Puebla
03	Baja California Sur	23	Querétaro
04	Campeche	24	Quintana Roo
05	Chiapas	25	San Luis Potosí
06	Chihuahua	26	Sinaloa
07	Coahuila	27	Tabasco
08	Colima	28	Tamaulipas
09	Durango	29	Tlaxcala
10	Estado de México	30	Veracruz
11	Jalisco	31	Yucatán
12	Guanajuato	32	Zacatecas
13	Guerrero	33	África
14	Sonora	34	Asia
15	Hidalgo	35	Canadá
16	México, D.F.	36	Centroamérica
17	Michoacán	37	España
18	Morelos	38	Estados Unidos
19	Nayarit	39	Europa
20	Nuevo León	40	Sudamérica

CLAVE INSTITUCIÓN

En este apartado espere instrucciones del aplicador.

SEXO

Rellene el óvalo correspondiente a su sexo.

En caso de ser mujer:

◯   Masculino

●   Femenino

INSTITUCIÓN

Escriba el nombre de la escuela o facultad en la que se encuentre estudiando actualmente.

GRADO MÁXIMO DE ESTUDIOS

Escriba su grado máximo de estudios (concluidos) hasta este momento.

DOMICILIO PARTICULAR, TELÉFONO

En este caso escriba su domicilio particular y teléfono.

VIVEN SUS PADRES

Anote el código en los espacios correspondientes y rellene los óvalos de acuerdo a la siguiente tabla:

Código	Viven tus padres
01	Sí, viven ambos
02	Solo Padre
03	Sólo Madre
04	No viven

Viven tus padres	
0	1
	0
1	
2	2
3	3
4	4
5	5
6	6
7	7
8	8
9	9

CON QUIÉN VIVE

Coloque en la hoja de respuestas el código que indica con quién vive.

Código	Con quién vives
01	Con mis padres y hermanos (as)
02	Con mis padres
03	Con mi madre y hermanas (os)
04	Con mi madre
05	Con mi padre y hermanos (as)
06	Con mi padre
07	Con familiares
08	Con amigos
09	En casa de asistencia
10	Con mi pareja
11	Solo

Con quién vives	
0	1
	0
1	
2	2
3	3
4	4
5	5
6	6
7	7
8	8
9	9

EDAD DE INICIO

Indique la edad en la cual empezó a consumir drogas o alcohol. En caso de no haber consumido drogas o alcohol, marcar 00.

1	3
⓪	0
●	1
②	2
③	●
④	4
⑤	5

DROGA DE INICIO

Indique la droga con la cual inició su consumo.

Código	Droga de inicio
01	Ninguna
02	Alcohol
03	Cocaína
04	Crack
05	Estimulantes
06	Éxtasis (tachas)
07	Heroína
08	Hongos
09	Inhalantes
10	LSD
11	Marihuana
12	Sedantes
13	Solo alcohol y tabaco
14	Solo tabaco
15	Tranquilizantes

Droga de inicio	
0	1
	0
1	
2	2
3	3
4	4
5	5
6	6
7	7
8	8
9	9

RELIGIÓN

Ubique la religión que practica dentro de la siguiente lista y rellene el óvalo correspondiente en la hoja de respuestas

Código	Religión
01	Catolicismo
02	Cristianismo
03	Creyente
04	Testigo de Jehová
05	Ateísmo
06	Protestante
07	Otra

Droga de inicio	
1	0
0	0
1	1
2	
	3
4	4
5	5
6	6
7	7
8	8
9	9

OTROS

Este espacio será utilizado por el aplicador, deje en blanco el espacio a menos que reciba alguna indicación del aplicador.

INSTRUCCIONES

Todas las respuestas son confidenciales. Este no es un examen, no hay respuestas correctas o incorrectas. Es posible que encuentre la misma pregunta o preguntas semejantes, más de una vez. Contéstelas cada vez que aparezcan en el cuestionario.

Por favor, llena el óvalo **A** si su respuesta a la pregunta es **SÍ**. Llena el óvalo **B** si su respuesta es **NO**. Si no comprende alguna pregunta o frase, pida ayuda a la persona encargada.

Conteste honestamente todas las preguntas. Si alguna de ellas no se aplica exactamente, escoja la respuesta que más se acerque a la verdad en su caso.

¡GRACIAS!

1. ¿Algunas veces soy sensible a los comentarios de los demás?
2. ¿En mí son muy frecuentes los escalofríos?
3. ¿Alguna vez has faltado a la escuela por convivir con los amigos?
4. ¿En el último mes has consumido cigarrillos?
5. ¿La fuerza física mejora con algunas drogas?
6. ¿En el último mes has consumido alguna bebida que contenga un poco de alcohol?
7. He tenido oportunidad de consumir drogas.
8. ¿Has consumido ocasionalmente alguna droga?
9. ¿Has bebido más de tres copas o vasos de alguna bebida alcohólica?
10. ¿Ocasionalmente has consumido más de tres cigarrillos?
11. El consumidor habitual de drogas, ¿Con el tiempo siente menos efectos?
12. En ocasiones me tiemblan las manos.
13. Por períodos no puedo dormir bien.
14. El consumir esporádicamente alguna droga, ¿Implica que la persona sea adicta?
15. Algunas veces te parece ver formas o cosas extrañas a tu alrededor.
16. A veces tienes la sensación de escuchar sonidos sin identificar su origen.
17. En ocasiones presientes personas u objetos que no están a tu alrededor.
18. Tengo la necesidad de consumir drogas para aliviar mis síntomas.
19. ¿Es posible que bajo los efectos de alguna droga faltara a la escuela?
20. Bajo los efectos de alguna droga no se pueden realizar las actividades cotidianas.
21. A veces tengo la sensación de estar eufórico y entonces soy más sociable.
22. ¿Consumes actualmente droga?
23. Bajo los efectos de alguna droga aumentan las probabilidades de tener algún accidente.
24. En ocasiones has tenido la impresión de que los colores se intensifican.
25. A veces tienes la sensación de que los objetos dejan una estela cuando se mueven.
26. Actualmente consumo más enervantes que en el pasado.
27. A veces tienes deseos de pelear sin una causa aparente.
28. Frecuentemente al despertar me levanto cansado(a).
29. Frecuentemente cambia mi estado de ánimo, de contento a triste o viceversa.
30. Al despertar tengo un apetito voraz y la boca seca.
31. A veces tienes la sensación de euforia y mucha fuerza física.
32. A veces tienes deseos de agredir a los demás sin motivo real.
33. El uso de algunas drogas afecta la capacidad de percepción auditiva.
34. Frecuentemente al despertar tienes deseos de comer.
35. A veces tienes la sensación de que el tiempo transcurre muy lentamente.
36. Despiertas fatigado, posiblemente por sueños desagradables.

37. Se me irritan los ojos frecuentemente.
38. Eventualmente tengo deseos de reír incontroladamente.
39. La adicción a las drogas influye en el rendimiento académico.
40. Después del efecto de las drogas hay sensaciones de fatiga física.
41. El deporte se realiza mejor con el uso de enervantes.
42. Perteneces a alguna religión.
43. Practicas alguna religión.
44. Asistes frecuentemente a los servicios religiosos.
45. Asistes a los servicios religiosos porque tu familia te lo pide.
46. En tu familia se profesan diferentes religiones.
47. Tu religión se opone al consumo de alcohol.
48. Has interrumpido tus estudios por un año o más.
49. Has reprobado materias en la escuela.
50. Por lo menos has reprobado una materia por semestre.
51. Generalmente sueles cumplir con tus compromisos escolares.
52. Sueles no cumplir tus compromisos escolares por realizar otras actividades.
53. Has pensado abandonar tus estudios para trabajar.
54. Piensas que el estudio te ayudará a mejorar tu situación económica.
55. Si trabajas actualmente, ¿Has pensado en abandonar tus estudios?

REFERENCIAS
BIBLIOGRÁFICAS

Aguilar, R. & Castañeda, J. (2012). *Los saldos del narco: el fracaso de una guerra*. México: Punto de lectura.

Ahmed, K. (2013). *What you may not know about attention deficit/ hyperactivity disorder?* Recuperado de http://www.apahealthyminds. blogspot.mx/2013/10.

Alcohólicos Anónimos (1953). *Doce pasos y doce tradiciones*. México: Alcohólicos Anónimos.

American Psychological Association, American Educational Research Association & National Council on Measurement in Education (1985). *Standards for educational and psychological Testing*. Washington, DC: American Psychological Association.

Amigó Borrás, S. (2002, abril). ¿Legalizar los porros? Estudio comparativo sobre el consumo de cannabis, éxtasis y cocaína en una muestra de jóvenes. *Informació Psicológica*, 78, 55-70, Facultad de Psicología de la Universidad de Valencia.

Anastasi, A. (1961). *Psychological Tests: Uses and Abuses*. EUA: Prentice Hall.

Anastasi, A. & Urbina, S. (1998). *Tests psicológicos*. México: Prentice-Hall, 7ª edición.

Arias, R. (2005). *México: crece el consumo de drogas entre estudiantes*. México: Universidad Autónoma de Aguascalientes, Centro de Ciencias Biomédicas, Departamento de Salud Pública. Recuperado de Infosalud@.uaa.mx

Asociación Psiquiátrica Americana (1995). *DSM IV Manual diagnóstico y estadístico de los trastornos mentales*. Barcelona, España: Masson, S.A.

Belloch, A., Sandín, B. & Ramos, F. (1996). *Manual de psicopatología*. Madrid: McGraw-Hill.

Bilbao, F. (1997). *Programa de la Especialidad en Problemas de Farmacodependencia*. México: Facultad de Psicología de la Universidad Autónoma del Estado de Morelos. Registrada en la Secretaría de Educación Pública.

_____ (2001). La perversión y la adicción. Algunas semejanzas y diferencias. En Bilbao, F. & Amenabar, J. (Eds.), *La sociedad actual: entre la violencia y la drogadicción* (pp. 150-159), Cuernavaca, Morelos, México: Impresos Júpiter.

Bilbao, F., Arias, F., De Mata, V., González, M. & Palacios, B. (2005). El consumo de drogas lícitas e ilícitas entre los estudiantes del nivel medio superior de la Universidad Autónoma del Estado de Morelos. En Universidad Autónoma del Estado de Morelos (Ed.), *Ciencia y Salud. Misión Universitaria*. ISBN. 968878-248-3, Cuernavaca, Morelos, México: Universidad Autónoma del Estado de Morelos.

Bilbao, F. & Palacios, B. (2005, marzo). Factores psicosociales en el consumo de drogas en el adolescente. *Inventio*, 1(1), 17-21.

Cano, L. & Borjano, E. (1986). *Educación y drogas en la comunidad valenciana*. Valencia: Serveis de Planificació. Consellería de Treball i Seguretat Social.

Castillo-Franco, I., Gutiérrez-López, A., Díaz-Negrete, B., Sánchez-Huesca, R. & Guisa-Cruz, V. (2002). Sistema de información epidemiológica del consumo de drogas (SIECD). En *Observatorio mexicano en tabaco, alcohol y otras drogas* (pp. 63-81). México: Comisión Nacional Contra las Adicciones (CONADIC).

Centros de Integración Juvenil (1996). *Programas de prevención del consumo de drogas centrados en factores de riesgo*, Informe de investigación N° 96-68. México: Centros de Integración Juvenil.

_____ (1997). *Para evitar el consumo de drogas entre niños y adolescentes*. México: Centros de Integración Juvenil.

_____ (1999). *Ajuste social y consumo de drogas*. Informe de investigación N° 97-27. México: Centros de Integración Juvenil. *Psychological test; Psychometrics*. EE. UU. New York: Harper.

Coderch, J. (1987). *Psiquiatría dinámica*. Barcelona: Herder.

Craig, R. J. & Olson, R. (1992). MMPI Subtypes for cocaine abusers. *American Journal of Drug and Alcohol Abuse*, 18(2).

Cronbach, L. J. (1960). *Psychological test; Psychometrics*. EE. UU. New York: Harper.

De la Fuente, J. R. (1997). *Salud mental en México*. México: Instituto Méxicano de Psiquiatría y Fondo de Cultura Económica.

_____ (2013, 1 de agosto). *Animal político*. Recuperado de httm://www.*animalpolítico.com*

Dembo, R., Williams, L., Getreu, A., Genung, L., Schmeidler, J. & Burgos, W. (1991). A longitudinal study of the relationships among marijuana/hashish use, cocaine use and delinquency in cohort of high risk youths. *The Journal of drug issues*, (21), 271-312.

Denier, C. A, Thevos, A. K., Latham, P. K & Randall, C. L. (1991). Psychosocial and psychopathology differences in hospitalized male and female cocaine abusers: A retrospective chart review. *Addictive behaviors*, (16), 489-496.

Deykin, E., Buka, S. L. & Zeena, T. (1992, octubre). Depressive illness among chemically dependent adolescents. *American Journal of Psychiatry*, 149(10), 1341-1347.

Duarte Bapista P. L. (1997). *Face à droga: como (re)agir?* Lisboa, Portugal: Serviço de Prevençao e Tratamento da Toxicodependencia-SPTT.

Echeburúa, E. (1996). *El Alcoholismo*. Madrid, España: Aguilar.

Elizondo, J. A. (1998, septiembre). El síndrome amotivacional, causa principal de la deserción escolar. *LiberAddictus 22*.

Elzo, J., Lindon, J. M. & Urquijo, M. L. (1992). *Delincuencia y Drogas. Análisis jurídico y sociológico de las sentencias emitidas en las audiencias a provinciales y los juzgados de la comunidad autónoma.* Vitoria-Gastciz, España: Gobierno Vasco, Secretaría de Presidencia.

Escohotado, A. (1997). *La cuestión del cáñamo*. Barcelona, España: Anagrama.

European School Survey Project on Alcohol and Other Drugs (2012). The 2011 ESPAD Report: Substance Use Among Students in 36 European Countries. Recuperado de http://www.espad.org/

Farrow, J. A. & French, J. (1986). The drug abuse-delinquency connection revisited. *Adolescence*, *21*(84), 951-960.

Freud, S. (1923). *Duelo y Melancolía*. Madrid, España: Biblioteca Nueva.

Fundación de Investigaciones Sociales, A.C. (2008). *En Morelos 70% de la población reporta problemas por consumo de alcohol*. Recuperado de www.alcoholinformate.org.mx

Goldman, H. (1989). *Psiquiatría General*. México: Manual Moderno.

González, G. A. & Matute, E. (2013). *Cerebro y drogas*. México: Manual Moderno.

González, R. (2003, 3 de febrero). *Abuso sexual y depresión detonan adicciones en las mujeres*. Recuperado de http://www.cimacnoticias.com.mx

Grup igia y colaboradores (2000). *Contextos, sujetos y drogas. Un manual sobre drogodependencia*s. Madrid, España: Pla d'Acció sobre Drogues de Barcelona, Institut Municipal de Salut Pública, Ajuntament de Barcelona.

Gutiérrez, L. A. (2013). *Estadísticas del consumo de drogas en pacientes de primer ingreso a tratamiento en Centros de Integración Juvenil, por sexo, entidad federativa y unidad de atención*. Informe 13-02c. Recuperado de http://www.cij.gob.mx

Hawkins, D. J., Lishner, D. M. & Catalana, R. F. (1985). *Consorcio Interamericano para el Desarrollo Humano*. Denver, Colorado, E.U.A.: P.O. Box 200547 1-10.

Hernández, J., Rivera, L. & Zenil, J. (2013). *La mota. Compendio actualizado de la mariguana en México*. México: Reservoir Books.

Hernández, M. & Lozada, C. (1996). *Perfil de consumo de alcohol y otras sustancias en población universitaria de primer ingreso*. México: Instituto Nacional de Salud Pública. Recuperado de URL: **http://bvs. insp.mx/componen/svirtual/ppriori/10/1297/arti.htm** Revisión del 18 de enero del 2003.

Hernández, M. (2005, viernes 11 de febrero). Invade droga a secundarias. Periódico *Reforma*, Año 12, No. 4074, México.

Johnson, R., Tobin, J. W. & Cellucci, T. (1992). Personality characteristics of cocaine and alcohol abusers: more alike than different. *Addictive Behaviors*, 17, 159-166. DOI: 10.1016/0306-4603(92)90020-V.

Juárez, F., Berenzon, S., Medina-Mora, M. E., Villatoro, J., Carreño, S. & López, E. (1994). Actos antisociales, su relación con algunas variables sociodemográficas, el consumo de alcohol y drogas en estudiantes de enseñanza media y media superior del Distrito Federal. En *Anales del Instituto Mexicano de Psiquiatría, IX Reunión de Investigación*. (pp. 85-93).

Kalina, E. (2000). *Adicciones. Aportes para la clínica y la terapéutica*. Buenos Aires, Argentina: Paidós.

Kernberg, O. (1987). *Desórdenes fronterizos y narcisismo patológico*. Buenos Aires, Argentina: Paidós.

Krasus, J. (1981). Juvenile drug abuse and delinquency: some differential associations. *British Journal of Psychiatry*, (139), 422-430.

Lara, M. (2001). *Reflexiones: amores perros, mujeres, violencia y drogas*. Distrito Federal, México: Era adicciones.

Lavik, N. J., Clausen, S. E. & Pedersen, W. (1991). Eating behavior, drug use, psychopathology and parental bonding in adolescents in Norway. *Act Psychiatric Scandinavia*, (84), 387-390.

Lavik, N. J. & Ostand, S. (1986, april). Drug use and psychiatric symptoms in adolescence. *Act Psychiatrica Scandinavica*, 73(4), 437-440.

Lindenbaum, G., Carrol, S., Daskal, I. &. Kapusnick, R. (1989, diciembre). Patterns of alcohol and drug abuse in a urban trauma center: the increasing role of cocaine abuse. *J. Trauma*, (29), 1654-1658.

López, G. D. (2004). *Psicoterapia focalizada en la transferencia para pacientes limítrofes.* México: Editores de textos mexicanos.

Lucio, G. M., Ampudia, R. A. & Durán, C. (1998). *Inventario multifásico de la personalidad para adolescentes.* México: Manual Moderno.

_____ (1999). *Evaluación de la psicopatología adolescente en un grupo clínico y un grupo normal con el MMPI-A.* México: Manual Moderno.

Magnusson, D. (1969). *Teoría de los tests.* México: Trillas.

Mariño, M. del C., González-Forteza, C., Andrade, P. & Medina-Mora, M. (1998, 1 de febrero). Validación de un cuestionario para detectar adolescentes con problemas por el uso de drogas. *Salud Mental,* (21), 27-36.

Martínez, A. R. (1996). *Psicometría: teoría de los tests psicológicos y educativos.* Madrid, España: Síntesis.

Masterson, J. (1975). *Tratamiento del adolescente fronterizo.* Buenos Aires, Argentina: Paidós.

Maya, R. (2000). *Incrementa el número de mujeres que consumen drogas de diseño.* México: CONADIC, Comunicación e información de la mujer A.C. Recuperado de http://cimac.org.mx/notiicas/00nov/00110304.html

Medina-Mora, M. E., Mariño, H. M. C., Berenzon, S., Juárez, F. & Carreño, S. (1992). Factores asociados con la experimentación y con el uso problemático de drogas. En *Las adicciones en México. Hacia un enfoque multidisciplinario* (pp. 87-97). México: Consejo Nacional Contra las Adicciones y la Secretaría de Salud.

Medina-Mora, M. E., Rojas, E., Juárez, F., Berenzon, S., Carreño, S., Galván, J., Villatoro, J., López-Lugo, E. K., Olmedo, R., Ortiz, E. & Ñéquiz, G. (1993, septiembre). Consumo de sustancias con efectos psicotrópicos en la población estudiantil de enseñanza media y media superior de la República Mexicana. *Salud Mental,* 16(3), 2-8.

Medina-Mora, M. E., Peña-Corona, M. P., Cravioto, P., Villatoro, J. & Kuri, P. (2002). Del tabaco al uso de otras drogas: ¿el uso temprano de tabaco aumenta la probabilidad de usar otras drogas? *Salud Pública de México,* 44(1), 5109-5115.

Molina del Peral, J. A. (2011). *SOS... Tengo una adicción.* Madrid, España: Pirámide.

Monitoring the Future (MTF) (2013, abril). Tendencias de los estudiantes de la secundaria y otros jóvenes. Recuperado de www.drugabuse.gov/es/publicacioncs/drugfacts/

Musacchio, A., Ortiz, A., Pelicier, Y., Bellomo, L., Casarino, E.C., D'Agnone, O., Fahrer, R., García Badaracco, J., Lazcano, R., Leonetti, M. R., Maccagno, A., Molina, M., Ortíz, E., Peretti, M. & Rey, D. (1992). *Drogadicción.* Barcelona, España: Paidós.

National Institute on Drug Abuse (1991). *The Adolescent Assessment/ Referral System Manual.* E.U.A.: Rockville, MD.

_____ (2013). DrugFacts: Tendencias Nacionales. Recuperado de http://www.drugabuse.gov

Observatorio Europeo de las Drogas y las Toxicomanías (2013). *Informe Europeo sobre Drogas 2013*. Recuperado de www.aragon.es

Ries, R. K., Demirsoy, A., Russo, J. E., Barreto, J. & Roy-Byrne, P. P. (2001). Reliability and clinical utility of DSM IV substance-induced psychiatric disorders in acute psychiatric inpatients. *American Journal on Addictions*, 10, 308.

Rochin, Guereña, J. G. (2005, abril-junio). El trastorno por déficit de atención e hiperactividad en el adulto y su relación con el uso y abuso de sustancias. *Centros de Integración Juvenil Informa*, 10(33).

Rojas-Guiot, E., Fleiz-Bautista, C., Medina-Mora, M. E., Morón, M. A. & Domenech-Rodríguez, M. (1999). Consumo de alcohol y drogas en estudiantes de Pachuca, Hidalgo. *Salud Pública de México*, 41(4), 297-308.

Romaní, O. (1999). *Las Drogas. Sueños y razones*. Barcelona, España: Ariel.

Ross, H. E., Glaser, F. B. & Stiasny, S. (1988, octubre). Sex differences in the prevalence of psychiatric disorders in patients with alcohol and drug problems. *British Journal of Addiction*, 83(10), 179-1192.

Sánchez, H. R, Guisa, C. V., Ortiz, E. R. & León, P. G. (2002). Detección temprana de factores de riesgo para el consumo de sustancias ilícitas. *Salud Mental*, 25(3), 1-11.

Secretaría de Salud (2001). *Programa de Acción: Adicciones*. México: Secretaría de Salud.

_____ (2002). *Encuesta Nacional de Adicciones 2002*. México: Secretaría de Salud, Dirección General de Epidemiología.

_____ (2008). *Encuesta Nacional de Adicciones 2008*. México: Secretaría de Salud, Dirección General de Epidemiología.

_____ (2011). *Encuesta Nacional de Adicciones 2011*. México: Secretaría de Salud, Dirección General de Epidemiología.

Solís, L., Sánchez, A. & Cortés, R. (2003). *Drogas: Las 100 preguntas más frecuentes*. México: Centros de Integración Juvenil.

Souza y Machorro, M. (2010). *Psiquiatría de las adicciones. Guía para profesionales de la Salud*. México: Fondo de Cultura Económica.

Souza y Machorro, M., Guisa, V. M., Díaz Barriga, L. & Sánchez, R. (1997). *Farmacoterapia de los síndromes de intoxicación y abstinencia por psicotrópicos*. México: Centros de Integración Juvenil.

Stefanis, C. & Kokkevi, A. (1987). Depression and drug use. International Commemorative Symposium World Health Organization and World Psychiatric Association: Latest findings on the etiology and therapy of depression. *Psychopathology*, 19, 124-131.

Substance Abuse and Mental Health Services Administration (2011). Results from the 2011 National Survey on Drug Use and Health: Summary of National Findings. Recuperado de www.samhsa.gov/data/nsduh/2k11results/nsduhresults2011

Tsiboukli, A. (1998, noviembre). Estudio del uso de alcohol entre estudiantes adolescentes en el área urbana de Londres. *Itaca, III*(3), 65-84.

United Nations Office on Drugs and Crime (UNODC) (2013). *Informe Mundial sobre las Drogas*. Viena, Austria. Recuperado de hppt://www.unodc.com

Vega, A. y otros (1983). *Delincuencia y drogas*. Barcelona: Publicaciones Universitarias.

Velasco Fernández, R. (1990). *El niño hiperquinético*. México: Trillas.

Walfish, S., Massey, R. & Krone, A. (1990). MMPI profiles of adolescent substance abusers in treatment. *Adolescence*, 15, 567-572.

_____ (1992). Cluster analysis of MMPI profiles of adolescents in treatment for substance abuse. *Journal of Adolescent Chemical Dependency*, 2(2), 23-33.

Waltz, M. (2000). *Bipolar Disorders. A guide to helping children & adolescents*. E.U.A.: O'Reilly.